AF453010

LA
RESTAURATION MONÉTAIRE
ET LES BILANS

JEAN MABIT

Docteur en Droit

LA
RESTAURATION
MONÉTAIRE
ET LES BILANS

L'INSTABILITÉ DU FRANC ET L'ÉCONOMIE
PRIVÉE — RÉPERCUSSIONS FISCALES
DE L'INFLATION — LA VALORISATION
DE L'ACTIF DES ENTREPRISES ET LA
PÉRÉQUATION DE LEUR CAPITAL

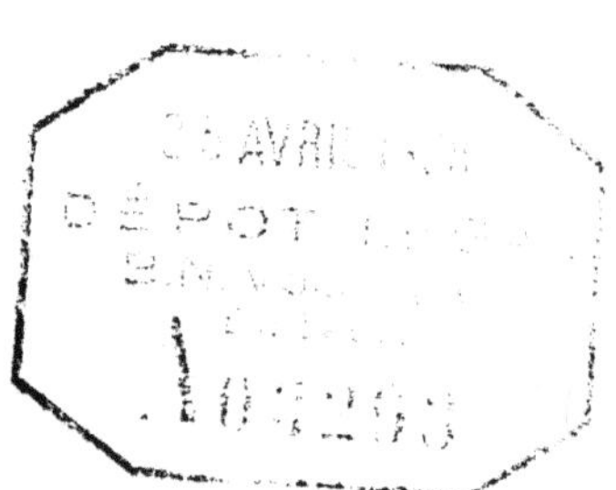

LIBRAIRIE HACHETTE
79, BOULEVARD SAINT-GERMAIN
PARIS   1928

INTRODUCTION

*Il nous a paru utile, en raison du retour proche et souhaitable à
une monnaie saine, d'examiner le problème de la valorisation des
éléments actifs des entreprises, constituées ou susceptibles de se
constituer en sociétés. Il y aura en effet, et il doit y avoir forcément,
au lendemain de la stabilisation vers laquelle le pays s'achemine, un
apurement général de la situation de ces entreprises, telle qu'elle
ressort de leurs bilans actuels. Cet apurement a été rendu nécessaire
par la coexistence du cours forcé et d'une dépréciation profonde de
notre monnaie; car il ne faut pas oublier que le cours forcé n'aurait
pas entraîné par lui-même la dépréciation, si la planche à billets
n'avait pas fonctionné simultanément.*

*Le cours forcé qui n'aurait dû être qu'un moratoire de guerre, a
été maintenu après la cessation des hostilités, et derrière son égide,
l'État a pu, par l'inflation, opérer un prélèvement détourné sur le
capital de la Nation. Si ce prélèvement a frappé le contribuable
moins brutalement qu'un impôt proprement dit, il a eu par contre
des conséquences autrement graves que celles qu'aurait produites une
taxe aussi lourde fût-elle. L'inflation, en effet, a déséquilibré l'économie du pays tout entier, en le privant d'une commune mesure
dans les échanges et en faussant les contrats dans leur exécution.*

*Les injustices qui ont été causées par la dépréciation du franc,
ne sauraient, pour la plupart, être réparées par une revalorisation
inverse. Si celle-ci était possible — et nos plus éminents techniciens
le contestent — ce serait encore l'instabilité avec son cortège d'injus-*

tices et de ruines. C'est pour cette raison d'équité que nous croyons prochaine la stabilisation, et c'est pourquoi il nous a paru utile d'étudier dès maintenant un de ses multiples aspects, la valorisation en une monnaie nouvelle, de l'actif des entreprises industrielles et commerciales.

La valorisation pose, pour les sociétés principalement, des problèmes intéressants de technique juridique et de technique comptable, en même temps qu'elle soulève d'importantes questions fiscales. En Allemagne où la chute verticale a conduit le mark-papier à une complète destruction, le législateur en créant une nouvelle monnaie, a prévu et réglementé l'assainissement financier et le redressement du bilan dans les entreprises. La profondeur du mal a rendu le remède indispensable. En France, il en va tout autrement et il ne peut venir à l'esprit d'assimiler la situation financière de nos entreprises, au chaos dans lequel se sont débattus l'industrie et le commerce allemands; et c'est pourquoi, à le considérer superficiellement, le problème de la valorisation peut paraître à certains d'un intérêt négligeable. Nous verrons au contraire, dans cette étude, qu'il ne doit pas manquer d'intéresser tous ceux qui ont conservé vivaces, au fond d'eux-mêmes, de saines notions d'ordre et de justice. C'est d'ailleurs en vertu de ces principes qu'ils placent au premier plan, qu'ils n'ont cessé de demander la stabilité du franc, ou bien encore l'institution d'une monnaie de compte, pour pallier aux conséquences néfastes de l'inflation et du cours forcé. A ceux qui leur ont adressé l'injuste reproche d'être les « défaitistes du franc », nous rappellerons que si la voix des partisans de la stabilisation avait été entendue plus tôt, le franc serait aujourd'hui stabilisé depuis longtemps et à un niveau meilleur.

Nous avons la conviction que le législateur, instruit par l'expérience des années écoulées, ne méconnaîtra plus désormais son devoir et qu'il rendra au pays la sécurité monétaire sans laquelle il est impossible de travailler et d'épargner. La stabilisation apparaît bien comme une mesure de salut public. Une revalorisation préalable ne pourrait que prolonger inutilement la crise économique et para-

lyser le commerce et l'industrie, sans une compensation effective et durable pour les rentiers et les salariés, qui verraient leurs revenus amputés, avant même d'avoir été majorés équitablement. Toute fluctuation dans un sens ou dans l'autre est cause de troubles, d'injustices, de désordre. La monnaie, pour remplir son rôle d'unité de mesure et d'étalon de la valeur, doit être stable. Une stabilisation immédiate procurera enfin à la production d'énormes avantages, à raison de la solidité des calculs et des prévisions enfin possibles. Pour la mise en œuvre de ces avantages, une première condition est la revision préalable du bilan des entreprises. Le cours forcé a créé une fiction, et rien de durable ni de juste ne se peut bâtir sur une fiction; la valorisation sera le point de départ pour les entreprises, d'une ère nouvelle de redressement et de travail dans l'ordre.

En fixant le poids et le titre de la nouvelle unité monétaire, il serait bon que le législateur envisageât les modalités de cette valorisation. Mais dès maintenant, nous chercherons à en déterminer les possibilités juridiques de réalisation pratique, et aussi ses conséquences fiscales, en l'état actuel de la doctrine et de la jurisprudence.

La comptabilité dans cette étude sera la méthode d'investigation qui nous permettra d'analyser les effets de l'instabilité monétaire sur le bilan et de dégager le remède à leur apporter : la valorisation des actifs et du capital.

Qu'il me soit permis d'exprimer ici à M. Alain Poher, Chef de la comptabilité de la Librairie Hachette, mes sentiments de profonde gratitude pour les encouragements qu'il m'a prodigués et les précieuses notions de comptabilité dont ce livre lui est redevable.

Jean Mabit.

LA RESTAURATION MONÉTAIRE

ET

LES BILANS

TITRE I

DE LA NÉCESSITÉ PRÉALABLE D'UNE STABILISATION LÉGALE

§ 1. — Terminologie.

Valoriser, c'est fixer la valeur-or d'un actif.

Il est sans doute possible du point de vue terminologique de trouver impropre l'emploi du mot « valorisation », dans le sens de fixer la valeur d'un actif, et de lui préférer les mots « évaluation » ou « réévaluation ». A cette remarque, nous répondrons que des termes nouveaux doivent désigner des faits nouveaux, et de même que l'on a eu recours, pour exprimer les phénomènes nés de la crise monétaire, aux termes « dévalorisation », « stabilisation », « revalorisation », de même nous désirons par l'emploi du mot « valorisation », présenter un acte dont le contenu diffère sensiblement de celui d'une simple évaluation, qui est, et doit demeurer indépendante du fait monétaire.

Nous définirons la valorisation, l'action de rajuster la valeur d'un objet par rapport à un étalon monétaire déterminé. Rendue nécessaire par l'instabilité du franc-papier, cette formule ne se concevait pas lorsque la valeur de chaque chose, mesurée par rapport à l'or, ne subissait dans le temps que des variations insensibles. Un terrain, des bâtiments ou du matériel, appartenant à une entreprise, figuraient généralement à son actif pour leur prix d'acquisition, et seules des circonstances économiques pouvaient amener une modification de leur valeur originaire. Mais le cours forcé et l'inflation, en dépréciant la monnaie, sont venus apporter dans les prix une perturbation d'autant plus profonde que ceux-ci, tout en s'élevant, n'ont pas toujours conservé intacte leur contre-valeur en or. C'est ainsi qu'un immeuble de 500 000 francs avant la guerre, soit en chiffres ronds 96 500 dollars, pouvait être acquis en 1925, en supposant que son prix ait augmenté de 1 000 000 de francs, avec 57 700 dollars seulement, au cours de 26 francs, d'où une dépréciation réelle puisque le dollar est une monnaie saine, et simultanément une plus-value nominale en francs [1]. La valorisation de cet immeuble ne pourra donc pas se limiter à une conversion pure et simple en francs stabilisés de sa valeur primitive, mais elle devra tenir compte de la moins-value qu'il a subie, afin de ne pas aboutir à une majoration injustifiée. Convertie en effet en francs stabilisés à raison de 5 francs-papier pour 1 franc-or, sa valeur ressortirait à 2 500 000 francs, alors qu'il ne vaut en réalité que 1 500 000 francs.

Un autre exemple montrera le but de la valorisation. Une société a importé d'Amérique une machine de 5 000 dollars, qui lui a coûté 200 000 francs en juillet 1926; quelques mois après, en décembre, elle aurait pu être achetée, grâce à la hausse de notre devise, avec une somme de 130 000 francs, bien inférieure par conséquent au prix réellement déboursé. Que vaut cette machine en définitive et pour quel nombre de francs sera-t-elle inscrite à l'actif de la société? La valorisation, en répondant à ces questions,

---

1. D'après une enquête faite par M. Pierre Caziot (*Journée industrielle* des 9, 11, 15 et 18 novembre 1924) la valeur des propriétés bâties de Paris aurait subi pour la période 1920-1924, comparativement à leur valeur en 1914, une moins-value réelle de 60 0/0 en dépit d'une hausse apparente de 42,50 0/0.

permettra aux entreprises de présenter des bilans sincères, dont tous les postes seront mesurés par un étalon identique.

Le terme « valoriser » a été parfois employé dans un sens différent de celui que nous lui donnons; valoriser des dettes, par exemple, désigne l'action d'une hausse monétaire sur un emprunt contracté en monnaie dépréciée[1], valoriser un crédit d'escompte ou d'avance, c'est en stipuler le remboursement pour sa valeur-or originelle[2]. De même, on a appelé « lois de valorisation » celles qui en Allemagne ont restitué aux porteurs d'obligations et de titres à revenu fixe, remboursés ou dépréciés, une fraction de la valeur-or de leur créance.

Dans la présente étude, au contraire, nous n'envisageons la valorisation que dans ses rapports avec les existences matérielles qui constituent l'actif immobilisé des entreprises. Elle apparaît ainsi comme une simple revision de la valeur de biens demeurés à peu près intacts, malgré les fluctuations de la monnaie qui les représentait.

§ 2. — Opportunité de la valorisation.

La valorisation implique le retour à une monnaie saine.

La valeur d'un objet signifie son équivalence avec une certaine quantité d'unités monétaires, et elle s'identifie à tel point avec ces unités que pour beaucoup de personnes, un objet peut à volonté être remplacé par son équivalent en monnaie. C'est d'ailleurs là ce qui explique qu'à l'intérieur d'un pays, la puissance d'achat d'une monnaie dépréciée reste longtemps supérieure à celle qu'elle possède sur les marchés étrangers, qui comptent avec des unités monétaires différentes.

Dans tous les pays du monde, à l'exception des régions africaines — et aussi des préaux de collèges — où le troc primitif est

1. Raffegeau et Lacout, *Établissement des bilans-or*, p. 18. Payot, Paris, 1926.
2. *Ibid.*, p. 117.

resté en faveur, la monnaie, intermédiaire des échanges, constitue la mesure des valeurs, de même que le mètre sert à mesurer
les longueurs; mais pour remplir cette fonction, on conçoit qu'elle
doive avoir une qualité essentielle, la stabilité ; l'étalon monétaire doit être aujourd'hui ce qu'il était hier, ce qu'il sera demain,
de même que le mètre représente une unité invariable, en tous
pays et à tous moments.

Il n'est donc pas possible de procéder à une valorisation, aussi
longtemps qu'une monnaie reste soumise à la loi de l'offre et de la
demande, et varie en plus ou en moins suivant le degré de prospérité du pays émetteur. On ferait comme ces architectes qui ayant
établi leurs plans sur la base du mètre platine, mesureraient les
matériaux avec un mètre en caoutchouc, dont la dimension varie-
rait suivant la force des muscles de ceux qui l'étireraient[1]. Et pourtant c'est ainsi que l'on opère sous le régime du cours forcé : on
enregistre des francs sans s'occuper de la valeur du franc, jusqu'au
jour où s'apercevant que les chiffres inscrits ne correspondent
plus à aucune réalité, on entrevoit la nécessité d'en effectuer la
revision. Mais la question se pose alors de savoir à quel moment
cette opération sera opportune et présentera assez de garanties de
certitude et de stabilité, pour être rendue officielle et publique.
Ce moment sera celui de la stabilisation légale, c'est-à-dire de la
réforme monétaire qui restituera au pays l'étalon des valeurs,
détruit par le cours forcé et l'inflation.

Certaines sociétés néanmoins, devant le profond bouleverse-
ment des prix, dû à une dépréciation monétaire dont les effets
économiques leur sont apparus susceptibles de se prolonger, ont
procédé à une réévaluation officielle en francs-papier des éléments
de leur actif, avant que ne soit fixée définitivement la valeur du
franc-papier. Si l'on considère la marche ascensionnelle des prix
depuis 1919, il est facile de se rendre compte qu'une telle opération était prématurée et ne pouvait être que provisoire, puisqu'une

---

1. Valois, *L'État, les Finances et la Monnaie,* p. 112. Nouv. libr. Nat., Paris, 1925.

réévaluation faite en 1919, avait perdu toute exactitude en 1926. Si inversement on suppose qu'à une déflation monétaire succède une chute des prix, l'entreprise se trouvera contrainte de procéder à un nouvel ajustement de son actif et d'en amortir les moins-values, soit par l'utilisation de ses bénéfices ou de ses réserves, soit par une réduction de son capital. Valoriser en une monnaie instable, ne peut donc apporter qu'un remède éphémère aux désordres produits par les fluctuations de la monnaie dans l'évaluation des biens, et vouloir en consacrer les résultats dans une comptabilité officielle apparaît comme une imprévoyance; c'est bâtir sur le sable.

Des auteurs ont pensé, précisément en vue d'une revalorisation de notre monnaie, qu'il était possible d'adopter une unité de compte de valeur invariable, le franc-or par exemple, et de conserver parallèlement un instrument de paiement instable, le franc-papier. Ce système, dans leur esprit, permettrait le retour de notre devise au pair d'avant la guerre, sans qu'il en résulte une aggravation de la situation des débiteurs; en même temps ce serait une garantie contre la baisse du franc, car celle-ci resterait également sans influence sur l'exécution des contrats passés en francs-or. Un tel système est en théorie séduisant, mais il ne nous semble pas viable; la monnaie en effet a une double fonction : mesurer les valeurs et faire circuler les richesses; l'une ne peut aller sans l'autre, et vouloir les scinder, c'est détruire la monnaie elle-même. L'usage du franc-or, d'autre part, a été condamné par la jurisprudence et, comme nous le verrons plus loin, il ne peut être utilement adopté par les entreprises qu'en vue de dresser, à titre purement privé, des bilans dépouillés de toutes les apparences trompeuses de l'inflation.

Seul, le retour à une monnaie stable, unité de mesure et instrument de paiement, est susceptible de donner aux industriels et aux commerçants suffisamment de certitude pour leur permettre de reviser leurs bilans et de dégager la situation vraie de leurs affaires. Or ce retour implique une stabilisation légale du franc-papier et non pas seulement une stabilisation dite « de fait », simplement marquée par la stabilité des changes. Cette période d'ailleurs qui doit précéder la réforme monétaire, ne saurait se prolonger sans inconvénient pour la sécurité de la monnaie, car sa durée même réserve l'avenir. C'est encore par conséquent l'incertitude qui ne permet aucune valorisation efficace; même avec un ensemble de circonstances favorables, le change d'un papier monnaie inconvertible peut toujours osciller, monter ou baisser sans limites, et c'est précisément le rôle de la puissance publique de le fixer, en créant un nouvel étalon monétaire convertible contre de l'or, à un niveau correspondant aux possibilités économiques du pays.

L'or seul est une bonne monnaie.

On pourrait se demander pourquoi le retour à l'or est nécessaire, puisqu'on a vécu depuis plus de dix ans sous un régime de papier monnaie inconvertible. Le franc-papier, matérialisé par le billet de banque, est devenu la commune mesure de toutes les transactions, et dans le grand public, parfois même chez des techniciens, se sont formées sur la monnaie les idées les plus fantaisistes. C'est ainsi qu'on a déclaré que la valeur de notre monnaie était fonction de nos exportations, de notre balance commerciale, que le change ne pouvait être stabilisé que par le libre jeu des forces économiques, que la stabilité monétaire ne pouvait aller sans la stabilité politique; on a publié que le crédit et la circulation fiduciaire n'étaient que des conventions grâce auxquelles les échanges s'opèrent. Tout dernièrement encore, un ancien Ministre des Finances, mettant au second plan la question de la stabilisation légale, déclarait que le problème monétaire dépendait de la balance des paiements, c'est-à-dire de notre capacité de production et d'expansion économique[1]. Or s'il n'est pas contestable que la véritable richesse d'un pays réside dans son ardeur au tra-

1. Discours de M. François Marsal du 22 juin 1927.

vail et sa faculté de production, on ne pourrait raisonnablement soutenir que ces qualités suppléent une monnaie légale, saine et échangeable contre de l'or.

De semblables idées ne peuvent s'expliquer que par un oubli total des notions simples et élémentaires que chacun connaissait parfaitement, au temps où la valeur de la monnaie ne dépendait ni du crédit public, ni de la confiance dans les gouvernants, des financiers nationaux et internationaux, ni de la politique fiscale, ni même de la politique tout court. Dans ce temps là, un billet de cent francs représentait cinq louis d'or, et le louis d'or n'était pas une convention, mais une solide réalité, une marchandise incorruptible universellement acceptée. Aucun événement n'en modifiait la valeur, et par conséquent, il pouvait servir de commune mesure pour fixer la valeur des autres marchandises, les comparer entre elles et rendre aisés tous les échanges [1].

Si ce louis d'or était accepté partout, et avec lui le billet de banque qui le représentait, ce n'était pas en raison de la prospérité de la France, mais parce que l'or est une marchandise internationale, choisie parmi toutes les autres pour servir d'unité de mesure, et possédant des qualités propres que nulle autre marchandise n'a pu jusqu'à présent réunir, savoir : la rareté et l'inaltérabilité qui mettent l'or à l'abri des variations brusques de valeur, une malléabilité et une dureté qui l'empêchent de se rompre, une homogénéité parfaite et une divisibilité indéfinie.

Ces notions d'ailleurs ne sont pas nouvelles et on les trouve exposées chez tous les économistes qui ont traité de la monnaie. Déjà au IIIe siècle de notre ère, le jurisconsulte romain Paul avait très bien compris à quel besoin répondait la monnaie et il écrivait : « La monnaie est une marchandise élue[2], qui par son estimation publique et perpétuelle, sert de commune mesure aux

---

1. Valois, *op. cit.*, pp. 63 et suivantes.
2. « *Electa materia est, cujus publica ac perpetua aestimatio difficultatibus permutationum aequitate quantitatis subveniet.* » (Liv. XXXIII, Empti-Vinditi.) — Cette citation a été empruntée à la thèse de M. Maurice Havy, *Le Contrat de prêt et la baisse du franc*, 1922, p. 18.

échanges. » Plus près de nous, Turgot, dans son ouvrage sur *La Formation et la Distribution des richesses* (1766), écrit que *les deux propriétés essentielles de la monnaie sont de mesurer et de représenter toute valeur*, et que par conséquent toute marchandise est monnaie ; réciproquement, toute monnaie est essentiellement marchandise. Une monnaie de pure convention est donc une chose impossible[1]. Ayant ainsi posé en principe que toute marchandise peut servir de monnaie, il montre que l'or et l'argent, en raison de leurs qualités propres, ont été constitués monnaie et monnaie universelle, sans aucune convention arbitraire des hommes, et qu'ainsi leur usage a prodigieusement hâté les progrès de la société.

Au siècle suivant, Michel Chevalier, dans son ouvrage sur *La Monnaie*, décrit d'une manière précise et complète quelles qualités doit présenter une bonne monnaie[2] ; il conclut que l'or et l'argent, les possédant pour la plupart, ont été choisis de toute antiquité, par une sorte d'assentiment universel, pour remplir les fonctions de monnaie.

Ces vérités essentielles n'ont pas été et n'ont pu être sérieusement controuvées, même par les nominalistes qui repoussant l'idée que la monnaie est une marchandise, sont arrivés sans peine à démontrer qu'il y a des monnaies de papier, susceptibles de remplir, aussi bien que l'or, le rôle d'étalon des valeurs.

Pareille conception sans doute n'a jamais été contestée par les théoriciens, et on a toujours admis qu'une monnaie de papier pouvait circuler d'une manière aussi efficace que la monnaie métallique, à la condition cependant que cette monnaie de papier ou son émission soit soumise à des règles très étroites. On peut très bien concevoir, en théorie, une monnaie de papier dont la quantité serait limitée une fois pour toutes, mais quant à faire fonctionner dans la pratique une monnaie de ce genre, sans qu'il en résulte des abus de la part de l'État ou de la banque d'émission,

---

1. Xavier Treney, *Les Grands Économistes des XVIIIe et XIXe siècles,* p. 127. Picard et Kaan, Paris, 1902.
2. *Ibid.*, pp. 360, 361, 362.

c'est un tout autre problème. Et c'est précisément la crainte que soit l'État, soit la banque émettrice ne puisse résister aux pressions de toute espèce tendant à modifier la quantité de monnaie, qui a poussé tous les systèmes monétaires modernes à rattacher leur monnaie de papier à une base métallique.

Une stabilisation du franc-papier doit donc, pour être opérante, décréter le retour à l'or, et notre billet de banque, si l'on ne veut pas qu'il soit une fausse monnaie, doit représenter légalement un poids d'or déterminé. Il ne s'agit pas évidemment, comme d'aucuns pourraient le croire, du retour à une circulation métallique, mais tout simplement de l'abolition du cours forcé, c'est-à-dire du retour au régime de convertibilité du billet de banque, en or ou en devises elles-mêmes échangeables contre du métal et acceptées pour de l'or dans les règlements extérieurs. Il n'est pas question, en effet, d'abandonner les avantages énormes du billet de banque comme moyen de circulation, mais de doter légalement notre pays du *gold exchange standard*, introduit avec succès avant la Grande Guerre, aux Indes anglaises, aux îles Philippines, à Java, au Brésil, en République Argentine, et depuis 1918, décrété et réalisé par la plupart des pays anciens belligérants.

Le franc-papier est une mauvaise monnaie.

Depuis le 5 août 1914, l'échange des billets contre de l'or a été suspendu aux guichets de la Banque de France; considérablement multipliés et dépréciés par des émissions répétées, ces billets ont néanmoins continué de porter la mention trompeuse « payable à vue et au porteur », et dans les comptes comme dans les transactions, le franc est toujours resté égal à un franc, parce que telle a été la volonté de l'État. C'est ainsi qu'on a pu, avec des francs affaiblis, payer des dettes ou acquitter des obligations anciennes contractées sous la foi publique en un franc ayant toute sa valeur, parce que, comme le remarquait le financier

Law traitant de l'altération des monnaies[1] : « il a plu au Prince de dire que chacun prendrait pour entier paiement la moitié de ce qui lui est dû; mais, ajoute-t-il, dans les marchés ultérieurs, on aura égard à la valeur de la monnaie, les marchandises hausseront de prix, sans que ce soit peut-être en proportion du haussement — nous dirions plutôt aujourd'hui de la dépréciation — de la monnaie. Et ceux qui ne haussent pas leurs marchandises au taux de la monnaie sont trompés[2]. »

Autrefois l'altération des monnaies consistait à réduire le poids ou le titre par un prélèvement direct de métal fin sur la pièce de monnaie; de notre temps, elle consiste simplement à augmenter le nombre des billets en circulation, ce qui revient à diminuer la proportion de l'encaisse métallique par rapport à la masse du papier en circulation. Mais dans l'un et l'autre cas, les mêmes phénomènes se répètent, tels qu'ils ont été décrits avec une grande netteté par un de nos plus éminents juristes, le chancelier d'Aguesseau, dans ses *Considérations sur la Monnaie*[3]. Ces phénomènes qui se sont produits depuis 1918, sont la hausse directe des prix, le coup de fouet donné à la production et un profond déséquilibre de l'économie du pays. Le commerce et l'industrie, sous le régime du franc-papier, sont non seulement dans l'incapacité d'établir aucune prévision, mais encore ne parviennent même plus à dégager la situation véritable de leurs affaires. Organisées sur la base de la monnaie légale imposée par l'État, les comptabilités deviennent illusoires et ne peuvent plus suivre le mouvement réel des actifs et des passifs. Tous les bilans par suite n'offrent plus de la réalité, comme un miroir déformé, que des images disproportionnées; dépouillés de leurs qualités essentielles, clarté, exactitude et sincérité, ils perdent leur raison d'être : renseigner la direction, les actionnaires et les tiers sur la situation de l'entreprise.

1. Law, par ailleurs, fut un inflationniste et malgré sa thèse sur la fixité de la monnaie, il apporta à celle-ci des variations catastrophiques.

2. Xavier Treney, *op. cit.*, pp. 39 et 40.

3. Bayart, *Les Effets de l'inflation sur le bilan au point de vue fiscal*, p. 88. Sirey. Paris, 1926.

La valorisation en une monnaie nouvelle doit leur restituer ces qualités et cette fonction, mais pour mieux comprendre l'impérieuse nécessité qu'elle présente pour les entreprises et principalement pour les sociétés, pour mieux démontrer le rôle d'assainissement qu'elle est appelée à jouer dès que la stabilisation sera une chose accomplie, il convient d'exposer au préalable comment l'inflation a pu fausser les bilans, et quelles conséquences elle a entraînées de ce fait, non seulement dans l'exploitation des sociétés, dans leurs rapports avec le fisc, mais encore dans la situation des associés anciens et nouveaux, et dans celle des tiers créanciers, prêteurs ou obligataires.

L'inflation et la dépréciation du franc-papier ne sont d'ailleurs qu'un aspect du mal profond dont souffre le pays; ce mal, c'est, répétons-le, l'instabilité monétaire et même tout simplement l'incertitude monétaire. Car si à l'inflation succède la déflation brutale ou lente, les bilans ne s'en trouveront pas automatiquement redressés; au chaos de l'inflation, s'ajoutera celui de la déflation, et le problème de la valorisation des bilans en un franc revalorisé, se posera avec autant d'acuité qu'il se présente actuellement en une monnaie dévaluée.

TITRE II

LA VIE DES ENTREPRISES ET L'INSTABILITÉ MONÉTAIRE

CHAPITRE I

EFFETS DES FLUCTUATIONS DE LA MONNAIE SUR LES BILANS

Pour juger de la vie d'une société, il n'existe qu'un moyen, c'est de se reporter à ses bilans qui doivent refléter sa situation à un moment donné, et aussi en retracer l'histoire depuis le jour de sa constitution. La comptabilité, dont l'aboutissement est la présentation de ces bilans, sera la méthode d'investigation juridique qui nous permettra d'expliquer les répercussions de l'instabilité monétaire sur les entreprises industrielles et commerciales. Et puisque ces répercussions, qu'elles soient économiques ou juridiques se traduisent en définitive dans le bilan, il convient tout d'abord de procéder à son analyse, afin de montrer comment il a pu être faussé par les variations de l'unité monétaire et quels moyens pratiques offre la valorisation, de le rétablir dans son équilibre.

Analyse d'un bilan.

La comptabilité est la traduction en écritures de faits juridiques et d'opérations commerciales, qui se produisent journellement dans les multiples services d'une entreprise. Le bilan, sous une forme abrégée, fait connaître la situation de l'entreprise et les résultats de son exploitation. C'est un tableau synthétique résumant l'inventaire (loi du 24 juillet 1867, art. 35), qui énumère et estime toutes les valeurs actives et passives de l'entreprise, à une date déterminée.

Ces définitions trop sommaires, que tous les auteurs sont unanimes à enseigner, ont l'inconvénient de ne pas dégager suffisamment les notions fondamentales du capital, du passif, de l'actif, du bénéfice, et de laisser par suite dans l'incertitude et dans l'erreur, non seulement les personnes non initiées à la comptabilité, mais encore très souvent les comptables eux-mêmes. Nous allons essayer de dégager ces notions, en nous appuyant sur un exemple très simple.

Une société est constituée au capital de 2 000 000 de francs, représenté par 4 000 actions de 500 francs chacune. Nous inscrirons au passif :

Capital 2 000 000

Les fondateurs apportent à la société un immeuble de 300 000 francs, 400 000 francs de matériel et un brevet évalué 100 000 francs. Ils reçoivent en représentation de leurs apports 1 600 actions, et les 2 400 actions restantes sont entièrement libérées en numéraire. L'actif de la société comprendra les postes suivants :

Immeuble. 300 000
Matériel. 400 000
Brevet 100 000
Caisse 1 200 000

(soit 500 francs versés sur 2 400 actions).

Une tierce personne livre à l'entreprise 200 000 francs de marchandises. On écrira à l'actif :

Marchandises. 200 000

Mais comme le règlement n'en est pas effectué comptant, la société enregistre au passif sa dette envers cette tierce personne, sous la rubrique :

Fournisseur 200 000

Si nous récapitulons ces opérations sous la forme d'un bilan, nous aurons le tableau suivant :

ACTIF			PASSIF
Immeuble	300 000	Capital.	2 000 000
Matériel	400 000	Fournisseurs	200 000
Brevet.	100 000		
Caisse	1 200 000		
Marchandises.	200 000		
	2 200 000		2 200 000

Nous constatons immédiatement que le total de l'actif est égal à celui du passif. Mais l'analyse des deux groupes fait apparaître des éléments bien différents : au passif, les 2 200 000 francs se trouvent répartis en deux comptes, alors qu'à l'actif, ils font l'objet de cinq articles. Que représentent-ils donc, suivant qu'ils sont inscrits sur la droite ou sur la gauche du bilan?

On dit communément que l'actif groupe les valeurs dont l'entreprise est propriétaire, et le passif, les dettes qu'elle a contractées soit envers l'entrepreneur (actionnaires, associés ou commerçant isolé), soit envers les tiers, bailleurs de fonds ou fournisseurs de marchandises. Cette explication malheureusement n'apparaît pas satisfaisante, car elle ne peut justifier l'inscription, au passif, du capital de l'entreprise. Comment soutenir en effet que celui-ci constitue une dette, au même titre, par exemple, qu'une somme due à un fournisseur? De même, la définition de l'actif, trop absolue, ne répond pas à tous les cas, puisque l'on réunit sous le titre de « Valeurs actives », non seulement des biens dont l'entreprise est propriétaire, mais encore des objets qui lui ont été simplement remis en dépôt, en consignation ou en nantissement, et dont elle n'est par conséquent que détentrice précaire.

La plupart des auteurs qui ont écrit sur la comptabilité, soit dans des manuels d'enseignement, soit dans des ouvrages de droit, ont adopté une théorie qui procède d'un dédoublement de la personnalité, entre un entrepreneur propriétaire, créancier du capital qu'il a apporté, et un entrepreneur chef d'entreprise, débiteur du capital investi ; chacun des comptes du bilan est personnifié et la maison de commerce est considérée comme un intermédiaire entre l'entrepreneur et les tiers. C'est la maison de commerce, représentée par l'entrepreneur débiteur du capital investi, qui a un immeuble, des marchandises, des espèces en caisse, c'est elle qui doit le capital, le montant des avances qui lui ont été consenties ou des fournitures qui lui sont faites. Le compte « Capital », d'autre part, indique le montant de la créance de l'entrepreneur sur l'entreprise.

Cette théorie, sans doute, a le mérite de tenter une explication de la nature de chacun des postes du bilan, mais elle repose malheureusement sur une fiction et se trouve en contradiction avec la réalité juridique ; un entrepreneur, en effet, ne peut se devoir à lui-même son capital, et la personnalité morale d'une société ne saurait en aucune façon se dédoubler.

Sans principes fondamentaux et sans règles compréhensibles, la comptabilité est ainsi apparue comme un art difficile d'enregistrer les opérations commerciales, et le bilan comme un document fermé, se totalisant dans un but de contrôle par une même somme à l'actif et au passif[1]. Des juristes même ont été jusqu'à dire que le capital était un élément de l'actif, contrepassé au passif pour plus de commodité[2].

D'autres théories ont été émises, et nombreux sont ceux qui ont essayé de ramener à une formule unique les concepts de la

---

1. C'est ainsi que nous relevons dans une brochure de vulgarisation « Comment lire un bilan », éditée par le *Journal de la Bourse et de la Banque*, cette phrase étonnante : « Pour faciliter les contrôles, dans un but d'ordre et de statistique, facile à comprendre, on *s'arrange* pour que le passif soit toujours, au point de vue chiffres, égal à l'actif » (p. 5).

Suivant un ouvrage récent de M. Dalsace, *Principes généraux du bilan et de la comptabilité*, Payot, Paris, 1927, « la base de toute la comptabilité pratique est une *convention arbitraire* d'après laquelle tous les comptes de situation nette (capital initial augmenté des bénéfices et diminué des pertes) sont comptés en sens contraire, dans un but de vérification » (p. 93).

On conçoit qu'avec de telles définitions, la comptabilité apparaisse bien compliquée.

2. H.-E. Barrault, *Recueil juridique des Sociétés*, février 1924, p. 61. — J. Charpentier, *La Comptabilité et les Affaires*, n° 60, décembre 1924, p. 574.

comptabilité[1]. Nous ne pouvons les exposer ici, mais nous pensons qu'en cette matière, ce sont les données les plus simples qui doivent nous fournir le véritable criterium de distinction entre l'actif et le passif. Reprenons l'exemple ci-dessus d'une société constituée au capital de 2 000 000 de francs, et considérons son bilan. Nous voyons qu'à l'actif de cette société ont été réunis, au point de vue de la nature des biens, tous les éléments qui lui permettront de se livrer à son exploitation : immeuble, matériel, brevet, marchandises et disponibilités. Au passif, ces mêmes éléments ont été groupés au point de vue des sources d'où ils proviennent : capital investi par l'entrepreneur, capital avancé par un fournisseur sous forme de marchandises[2]. D'où l'équation :

Actif = Passif

et la définition suivante :

Dans un bilan, le passif indique l'origine des capitaux dont on retrouve l'emploi à l'actif, ou bien inversement, l'actif donne la représentation des capitaux dont on trouve les sources au passif.

A cette règle, on ne peut concevoir d'exception, et il n'est plus possible désormais de dire, sans méconnaître la véritable signification d'un bilan, que le compte « Capital » figure au passif uniquement par commodité. Cette définition d'ailleurs est vraie même à l'égard du compte de Profits et Pertes, qui se place soit au passif, s'il y a bénéfice, soit à l'actif, s'il y a perte. Avec la théorie du dédoublement de la personnalité, l'entrepreneur était créancier du bénéfice et débiteur de la perte, mais il semblait pour le moins paradoxal qu'une perte s'inscrive sur la gauche du bilan et se totalise avec ses valeurs actives. Si l'on se reporte au contraire à la définition précitée, la place au bilan du résultat, soit bénéficiaire, soit déficitaire, apparaît pleinement justifiée ; dans le premier cas, il s'agit d'un accroissement des capitaux de

---

1. Nous citerons en particulier deux ouvrages intéressants à consulter : *Les Concepts fondamentaux de la Comptabilité*, par Eugène de Fages, et *Essai de Philosophie comptable*, par Jean Bournisien.

2. Calmès, *Administration financière*, p. 23. Payot, Paris, 1925.

l'entreprise, considérés au point de vue de leur source, le bénéfice étant un capital nouveau créé par l'exploitation, et son enregistrement au passif en est la conséquence directe; s'il y a perte, l'inscription à l'actif répond également à la définition proposée « emploi des capitaux ». Les pertes, en effet, ne sont qu'un emploi des capitaux de l'entreprise, mais un emploi qui s'est traduit par une perte de substance, qu'il faudra récupérer avec les produits futurs, pour rétablir le capital dans son intégralité.

La présentation des bilans a donc bien une signification précise et théorique, et il n'est nullement besoin de recourir à une fiction, pour expliquer l'inscription au passif du capital et des bénéfices, et à l'actif, des pertes subies par l'entreprise. Cette présentation toutefois, sous peine de conduire aux pires inexactitudes, implique une identité absolue dans la grandeur des unités qui mesurent les différents postes de l'actif et du passif. Or ces unités sont des signes monétaires, et par suite, la sincérité des bilans est fonction de la valeur et de la stabilité de ces signes eux-mêmes. En France, depuis le cours forcé, le franc-papier, c'est-à-dire notre monnaie fiduciaire, a été considérablement déprécié par l'inflation; il nous reste donc à déterminer comment se sont comportés les bilans devant cette dépréciation, et quels postes ont été touchés par les fluctuations de valeur de notre monnaie.

Les variations de valeur du franc ont faussé tous les bilans.

En juillet 1926, le dollar ayant dépassé le cours de 46 francs sur notre place, il fallait 9 francs-papier pour équivaloir à un franc de 1914, puisque la parité du franc avec le dollar s'établissait autrefois à 5,1825 (9 × 5,1825 = 46,6425). Le franc par conséquent qui représentait exactement au pair 0 gr. 290322 d'or fin, est passé depuis 1914 par toutes les valeurs comprises entre 29 centigrammes et 3 cgr. 23/100ᵉ d'or fin (9 × 0,0323 = 0,2907).

Dans les bilans cependant, on a continué d'additionner les francs de 1914 avec ceux de 1919, de 1920, de 1921, etc., de même qu'un exportateur français qui, pour comptabiliser une série d'opérations faites en Suisse et en Belgique, aurait additionné pêle-mêle avec ses francs français, les francs suisses et les francs belges, et qui aurait exprimé en francs français le résultat de ses opérations[1]. La conséquence de cette façon de procéder a été un déséquilibre complet des bilans où, en regard d'un capital demeuré fixe, l'actif a totalisé avec des immobilisations évaluées à leur prix d'avant-guerre, des chiffres considérablement grossis de stocks et de créances, sans que le volume des affaires se soit accru parallèlement. Si l'on examine les deux côtés du bilan, on s'aperçoit que l'avilissement du franc a influé de manières bien différentes sur leurs éléments, grossissant les uns, faussant les autres, suivant la nature des biens ou des capitaux représentés.

A l'actif, ces éléments qui constituent les moyens d'action des entreprises, peuvent être classés, suivant leur degré de liquidité, en quatre groupes principaux :

1° Les actifs immobilisés ou immobilisations : terrains, bâtiments, agencements, matériel, mobilier, brevets, licences d'exploitation, etc. ;

2° Les valeurs engagées : participations, avances, cautionnements, loyers d'avance, capitaux engagés dans des affaires qui ne peuvent être liquidées immédiatement ;

3° Les actifs réalisables : marchandises, clients, effets à recevoir, titres en portefeuille (rentes, bons, obligations ou actions) ;

---

1. « On a opéré à peu près, suivant l'expression de M. Delavelle (*La Comptabilité en francs-or*, p. 50, Nouv. libr. Nat. Paris, 1922), comme celui qui aurait additionné des mètres avec des toises et des pieds et qui n'en aurait pas moins exprimé en mètres le total obtenu » ou, comme le dit M. Georges Valois (*op. cit.*, p. 48), « comme un négociant en vins qui pour tenir la comptabilité de son stock, additionnerait les demi-muids avec les barriques et les feuillettes et donnerait au total le nom de tonneaux, sans se préoccuper de la contenance respective de chaque espèce de tonneau ». « Rappelons-nous, écrit M. Banès (*Les Amortissements industriels, les réserves et le report à nouveau au point de vue fiscal*, p. 61. Thèse, Paris, 1925), nos premières leçons d'arithmétique où l'on nous répétait toujours : on n'additionne ou on ne soustrait que des unités de même espèce. »

4° Les disponibilités : espèces en caisse et dans les banques.

Parmi ces différents biens, il en est certains que les fluctuations de la monnaie ne vont pas toucher, et d'autres au contraire qui suivront la bonne ou la mauvaise fortune du franc-papier. C'est ainsi qu'un terrain, une machine ou un brevet conserveront pour l'entreprise une même valeur d'emploi, quelle que soit la valeur du franc sur le marché mondial, alors qu'une créance sur un client ira en s'amenuisant, au fur et à mesure de la chute de notre devise. On peut donc, du point de vue strictement monétaire, diviser en deux grandes catégories les valeurs actives d'une entreprise.

La première comprendra des biens possédant une valeur intrinsèque, ne pouvant théoriquement être influencée par l'instabilité du franc : ce sont tous les actifs immobilisés, et dans les groupes énumérés ci-dessus, les participations, — dans la mesure où elles représentent une quote-part de propriété de biens matériels —, les marchandises en magasin et les actions en portefeuille.

La seconde catégorie groupera les créances, avances, cautionnements, effets, rentes, obligations, etc., et les disponibilités, c'est-à-dire des valeurs représentées par des francs soit à recevoir, soit déjà en caisse, et variant par conséquent parallèlement avec l'unité monétaire.

Si nous passons maintenant, après avoir examiné la gauche du bilan, aux éléments groupés sur sa droite, sous le titre incomplet de « Passif », nous y trouvons deux sortes de comptes :

1° Ceux qui indiquent la provenance des capitaux appartenant en propre au commerçant, aux associés ou à la société — pour autant que l'entreprise possède la personnalité juridique —, savoir : le capital, les réserves, le bénéfice, que l'on désigne habituellement dans les sociétés par l'appellation de « Passif envers la Société » ;

2° Les comptes qui indiquent la provenance des capitaux prêtés à l'entreprise : obligations et fournisseurs, réunis sous le titre de « Passif envers les Tiers ».

Seul, le passif envers les tiers suivra les variations de la monnaie, puisqu'il représente des francs à payer. Quant aux comptes de la première catégorie qui renseignent sur les capitaux propres de l'entreprise, ils ne pourront être modifiés qu'indirectement par la hausse ou la baisse du franc, et ce, dans la mesure même des fluctuations constatées à l'actif du bilan, puisque, ne constituant pas une dette, ils marquent simplement l'origine d'une partie des valeurs actives de l'entreprise, non spécifiée en raison de l'impossibilité où l'on se trouve de déterminer quel élément de l'actif correspond à chaque élément du passif, et réciproquement.

Soit le bilan :

ACTIF   PASSIF

Immobilisations.		*Passif envers la société.*	
Immeubles	1 000 000	Capital	2 500 000
Matériel	450 000	Réserves	500 000
Brevets	100 000	Bénéfices	100 000
Valeurs engagées.		*Passif envers les tiers.*	
Participations	500 000	Obligations	1 500 000
Cautionnements	20 000	Fournisseurs	970 000
Actifs réalisables.			
Marchandises	1 800 000		
Clients	1 400 000		
Disponibilités.			
Caisses et Banques	300 000		
	5 570 000		5 570 000

Si nous reclassons les comptes de ce bilan, en dénommant fixes ou variables ses différents postes, suivant qu'ils s'adaptent ou non aux variations de l'unité monétaire, nous obtiendrons le tableau suivant :

ACTIF   PASSIF

Postes fixes.			
Immeubles.	1 000 000	Capital.	2 500 000
Matériel	450 000	Réserves.	500 000
Brevets	100 000	Bénéfices [1]	100 000
Participations	500 000		
Marchandises.	1 800 000		
Postes variables (actifs monétaires).		*Postes variables* (passifs monétaires).	
Cautionnements.	20 000	Obligations.	1 500 000
Clients.	1 400 000	Fournisseurs	970 000
Caisses et Banques . . .	300 000		
	5 570 000		5 570 000

Les chiffres des postes variables seront toujours exacts et sincères en droit, que notre devise perde 20 ou 50 0/0 de sa valeur-or, ou bien inversement, qu'elle regagne 20 ou 50 0/0 de cette valeur. Un franc étant légalement toujours égal à un franc dans les relations intérieures, un client qui doit 10 000 francs, restera débiteur de cette même somme, quelle que soit la valeur de notre monnaie à l'extérieur, c'est-à-dire sa valeur réelle. Par contre, les chiffres des postes fixes perdront toute leur exactitude si le franc se déprécie ou bien s'il s'améliore; une machine acquise 450 000 francs en janvier 1919 et figurant pour ce même montant au bilan de 1924 — abstraction faite des amortissements — représentera en réalité une valeur bien supérieure, puisque notre devise a perdu, de 1919 à 1924, une fraction importante de sa valeur-or, et qu'en conséquence le prix de cette machine s'est trouvé fortement majoré.

En résumé, si les bilans sont faux parce qu'ils additionnent des francs de toutes valeurs, enregistrés à des dates différentes, nous

---

1. Les bénéfices deviendraient un passif monétaire, si l'assemblée générale en décidait la distribution, puisque, dans ce cas, les actionnaires seraient créanciers du dividende voté.

voyons que les erreurs dues aux fluctuations de la monnaie, ne s'étendent pas à tous les éléments de l'actif et du passif, mais se limitent uniquement aux existences matérielles des entreprises, à l'exclusion des actifs et des passifs monétaires. La valorisation en opérera le redressement, mais avant d'en étudier le mécanisme, il convient d'exposer quelles ont été les répercussions de ces erreurs sur la vie des entreprises industrielles et commerciales. Ces répercussions sont de trois sortes, les unes économiques, qui intéressent l'exploitation proprement dite, les autres juridiques, qui se réfèrent à la situation des associés, des actionnaires et des tiers, et enfin les répercussions fiscales, qui présentent un intérêt considérable, puisque le bilan a été choisi par l'Administration comme la base idéale d'imposition des revenus du commerce et de l'industrie.

CHAPITRE II

L'EXPLOITATION DES ENTREPRISES

Si les variations de valeur de la monnaie légale influent directement sur les créances et les dettes des entreprises, cela se lit clairement dans les bilans et il est facile d'établir un rapprochement des actifs et des passifs monétaires. Chacun sait, d'autre part, qu'en période de dépréciation de la monnaie, il vaut mieux être débiteur que créancier, tandis qu'en période de revalorisation, mieux vaut être créancier que débiteur[1]; il n'est donc pas utile de s'étendre sur ces répercussions de l'instabilité monétaire, mais il suffit de noter simplement qu'une gestion prudente doit maintenir dans les bilans un équilibre constant entre le montant des créances et des disponibilités d'une part, et celui des dettes envers les tiers d'autre part. En cette matière toutefois, le problème de la revision des bilans ne se pose pas, puisque les postes « Clients », « Caisses et Banques », « Obligations », « Fournisseurs », etc..., ne sont en rien faussés par la hausse ou la baisse du franc-papier qui les mesure ; c'est pourquoi nous les laisserons de côté dans les développements qui vont suivre.

---

1. A ce sujet, on ne devrait pas oublier qu'il y a là une impossibilité majeure à la revalorisation du franc : s'il est toujours possible, en effet, pour un créancier de recevoir moins qu'il n'a prêté, il est autrement malaisé à un débiteur de rembourser plus qu'il n'a reçu.

§ 1. — **Pendant l'inflation.**

Le mouvement des stocks et la comptabilisation des bénéfices.

Dans une entreprise, les matières premières servant à la fabrication, les approvisionnements et les marchandises fabriquées ou en cours de fabrication, doivent conserver en théorie une valeur constante, en dépit des fluctuations de l'unité monétaire; un mètre de drap vaudra toujours un mètre de drap, et si le prix nominal en a été élevé, au fur et à mesure du fléchissement du franc-papier, c'est précisément pour conserver à ce mètre de drap sa valeur réelle. La prospérité d'une entreprise, par conséquent, ne devra pas se lire dans les postes « Marchandises » de son bilan, mais dans le mouvement quantitatif des stocks, qui seul peut renseigner sur la production et le chiffre d'affaires.

Le plus grave inconvénient toutefois d'une comptabilité tenue en une monnaie légale qui se déprécie, n'est pas tant de tromper les chefs d'entreprises sur le développement de leurs affaires, que de les aveugler sur les résultats réellement obtenus : en effet, les comptes de matières enregistrent des chiffres rapidement faussés par l'inflation, et les prix de revient, dont ils sont la base, ne présentent plus qu'un intérêt rétrospectif, lorsque les fabrications sont achevées. Le commerçant, qui achète pour revendre, est satisfait de vendre très cher ce qu'il croit avoir acquis à un prix avantageux, et lorsqu'il fait l'inventaire de ses marchandises, il est inconsciemment réjoui de pouvoir inscrire sur son bilan des chiffres chaque année plus considérables. Les bénéfices, d'autre part, suivant une courbe ascensionnelle dans les écritures, chacun est persuadé de son enrichissement immédiat et développe sans mesure son activité. Cependant, comme les prix augmentent sans cesse, industriels et commerçants s'assurent des stocks pour se prémunir contre les hausses prochaines, et ils restent tout étonnés de constater que malgré leurs gros chiffres d'affaires, leurs disponibilités deviennent de plus en plus rares.

Ce phénomène pourtant est bien naturel, car si le commerçant achète pour revendre, on peut poser en principe qu'il vend pour racheter, à moins d'une liquidation de son entreprise. Or, la hausse rapide des prix rend le produit des ventes insuffisant, pour la production ou l'achat d'une quantité de marchandises égale à celle qui a été vendue. Un objet dont la fabrication a coûté 50 francs de matières premières, 40 francs de main-d'œuvre et 10 francs de frais généraux, soit au total : 100 francs, laissera bien, s'il est vendu 120 francs, un bénéfice de 20 francs ; mais si la monnaie s'est dépréciée de 25 0/0, l'industriel se verra dans l'impossibilité de fabriquer un objet identique, avec le seul produit de cette vente. Les matières premières, en effet, auront haussé de 33 0/0, soit environ dans la mesure de la baisse du franc, et en supposant que les salaires et les frais généraux n'aient été majorés que de 10 0/0, le prix de remplacement de l'objet vendu 120 francs, s'établira comme suit :

Matières premières.	66,50
Main-d'œuvre	44 »
Frais généraux	11 »
Au total.	121,50

Si cette opération se reproduit souvent, l'industriel entamera son capital malgré ses profits apparents, et il devra, pour la continuation de ses affaires, ou augmenter ce capital ou bien recourir au crédit. Plus grave sera encore la situation des sociétés qui distribuent leurs bénéfices, dans l'impossibilité où elles se trouveront de faire face au paiement de leurs coupons ; ainsi s'explique les émissions répétées d'actions ou d'obligations de la plupart des entreprises. En période de dépréciation monétaire par conséquent, une augmentation de capital n'est pas forcément l'indice du développement de la société qui y procède, mais le plus souvent celui d'une pénurie de disponibilités.

Dûs aux majorations répétées des prix de vente et résultant de la comparaison, en comptabilité, de valeurs mesurées avec un franc instable, les bénéfices annoncés par les bilans sont en grande partie fictifs. L'exemple suivant nous le démontre d'ailleurs aisément :

La livre sterling cotant 120 francs, le prix de revient d'un article s'est élevé à 10 francs. Pour gagner 40 0/0, on en avait fixé le prix de vente à 16 fr. 65. Mais le franc perd brusquement 20 0/0 de sa valeur et le sterling monte à 150; pour défendre son stock, l'industriel relève ses prix de 25 0/0 et l'article marqué autrefois 16 fr. 65 est vendu 20 fr. 80. Que se passe-t-il en comptabilité ?

<pre>
        Au crédit des ventes, on a inscrit.   20,80
        et au débit de la fabrication . . . .   10 »
                                                              ───────
        Le bénéfice ressort donc à.   10,80
        alors qu'en réalité il n'est que de.   6,65
                                                              ───────
        La différence.   4,15
        exprime la perte de la monnaie et n'est qu'un profit illusoire.
</pre>

L'amortissement des immobilisations[1].

Les immobilisations et l'outillage, qui constituent les moyens d'action durables des entreprises, ont la plupart du temps nécessité des dépenses très lourdes, et leur renouvellement est tout aussi difficile en période d'inflation que la conservation d'un stock constant de matières premières. Les immeubles, les machines, le matériel, etc.... subissent dans le temps une dépréciation progressive et, ainsi que le commande toute exploitation prudente, il faut prévoir leur remplacement, et incorporer leur amortissement dans le prix de revient même des fabrications et des marchandises.

Lorsque la monnaie est stable, on calcule un amortissement forfaitaire sur le prix d'achat de l'immobilisation, d'après le nombre d'années qu'elle est susceptible de durer; une machine de 300 000 francs, si elle peut rester en service pendant dix ans, sera amortie chaque année de 30 000 francs. Il y aura ainsi progressi-

---

1. Cf. *infra* p. 34 : L'amortissement des immobilisations pendant la déflation; *infra* p. 53 : Les amortissements au point de vue fiscal.

vement transformation d'un capital fixe en capital circulant, et à l'expiration des dix années, l'entreprise pourra pourvoir au renouvellement de la machine hors d'usage, sans emploi de capitaux nouveaux.

Pendant l'inflation, il en va tout autrement en raison de la hausse des prix. La machine qui valait 300 000 francs lorsque le franc était au pair, peut coûter 1 500 000 francs si la monnaie s'est dépréciée de 80 0/0 et, par suite, les amortissements pratiqués sur la valeur passée en comptabilité, n'arriveront jamais à reconstituer le prix nouveau de cette machine. Qu'elle soit amortie d'ailleurs de 10 0/0 en dix ans, de 20 0/0 en cinq ans ou même totalement en une seule année, le résultat sera identique dans tous les cas, c'est-à-dire qu'il manquera 1 200 000 francs pour son remplacement (1 500 000 — 300 000); d'où nécessité d'augmenter le capital ou de recourir au crédit.

Les conséquences économiques de l'inflation.

L'inflation est néfaste à l'industrie et au commerce, mais comme les comptabilités sont tenues en monnaie légale, on ne se rend pas compte immédiatement de ses conséquences pernicieuses. Les commerçants ne les ressentent confusément que devant l'épuisement continu de leur trésorerie; préoccupés alors d'y porter remède, ils majorent par avance leurs marchandises, sans songer que la hausse engendre la hausse et entraîne l'inflation. Abandonnant leurs habitudes traditionnelles, ils veulent fixer leur prix de vente d'après le coût de remplacement supposé, et ils n'opposent ainsi aucun barrage, à ce flux montant qu'ils précèdent au contraire. Démoralisés par l'incertitude du lendemain et grisés par de gros profits apparents, certains même n'aspirent qu'à grandir encore l'écart entre les prix d'achat et les prix de vente, espérant ainsi édifier en quelques années la fortune d'une vie de travail.

Chacun cependant cherche à placer son patrimoine à l'abri d'une chute nouvelle de la monnaie, et on assiste, dans la plupart des entreprises, à une politique suivie, de stockage et d'immobilisation, en vue de transformer les actifs monétaires en valeurs réelles dites « valeurs-or ». En résumé, abus des immobilisations, qui réduisent le capital circulant et par corollaire le taux de rendement de l'entreprise, stocks dépassant largement les besoins, qui la laissent à la merci d'une baisse des prix et, comme il vaut mieux, en période de dépréciation de la monnaie, être débiteur que créancier, abus du crédit et élévation du loyer de l'argent; dans les sociétés enfin, distributions de dividendes fictifs, qui non seulement appauvrissent les fonds de roulement, mais opèrent une véritable liquidation du capital originaire, la plupart du temps versé en francs-or.

§ 2. — **Pendant la déflation**.

La baisse nominale des stocks et l'apparition des pertes.

Au lieu de s'éloigner de l'étalon d'or, le franc s'en rapproche : c'est la revalorisation qui, pour être durable, doit entraîner un dégonflement des prix et une résorption des signes monétaires. La situation alors se retourne et les phénomènes observés pendant l'inflation se produisent en sens inverse : les stocks de marchandises sont les premiers atteints. Le consommateur, qui attend la baisse, diffère ses achats, et la rend ainsi inévitable. C'est à ce moment que les industriels et les commerçants constatent avec effroi, en consultant leurs livres de comptabilité, qu'à leurs bénéfices brillants, les pertes succèdent sans transition. Ces pertes sans doute sont purement nominales et illusoires, au même titre que les profits réalisés pendant l'inflation, mais les bilans, chiffrés en francs-papier, se dressent implacablement en déficit, et montrent à certains une faillite prochaine.

Si un stock acheté, lorsque le franc valait 0,15 centimes-or,	Fr.	1 000 000
est liquidé avec un franc revalorisé à 0,20.	»	800 000
la perte apparaîtra pour.	»	200 000

alors qu'en réalité l'opération, ramenée à l'étalon d'or, s'établit comme suit :

$$\begin{aligned}
\text{Achat :} \quad &1\,000\,000 \times 0{,}15 = \text{Francs-or} \quad 150\,000 \\
\text{Vente :} \quad &800\,000 \times 0{,}20 = \quad\text{—}\quad\quad 160\,000 \\
\hline
&\text{Bénéfice :} \quad\quad\text{—}\quad\quad\quad 10\,000
\end{aligned}$$

Mais les comptes sont tenus en monnaie instable, et l'on conçoit par conséquent que l'industriel recule jusqu'à ses dernières limites, le moment où il se trouvera obligé d'enregistrer des pertes. Ainsi s'explique la raison pour laquelle les prix ne suivent que lentement la remontée du franc, alors qu'ils en avaient précédé la dépréciation.

L'amortissement des immobilisations [1].

Si les amortissements pratiqués sur les acquisitions d'avant-guerre redeviennent suffisants, ceux afférents aux immobilisations achetées en francs-papier dépréciés, sont de nature à grever lourdement les prix de revient, et peuvent même rendre précaire l'existence des entreprises fondées pendant l'inflation. L'outillage acquis aux plus hauts prix, s'il doit durer dix ans, ne saurait en effet être amorti sur une période plus longue, de même qu'on ne pourrait, sous le prétexte d'avoir atteint sa valeur de remplacement, en arrêter prématurément l'amortissement, et laisser ainsi à l'actif de l'entreprise un élément sans valeur.

Ceci, en passant, nous démontre qu'un amortissement basé sur la valeur de remplacement est une inexactitude au point de vue comptable, que cette valeur soit supérieure ou inférieure au prix de revient de l'immobilisation à amortir [2]. Un amortissement en effet n'est pas la constitution d'une provision, mais la répartition d'une dépense sur les exercices qui en retirent un avantage ; le capital immobilisé « Immeubles », « Mobilier », « Outillage »,

---

1. Cf. *supra*, p. 31 : L'amortissement des immobilisations pendant l'inflation ; *infra*, p. 53 ; Les amortissements au point de vue fiscal.

2. Rappelons néanmoins qu'il constitue une nécessité économique, en période de dépréciation monétaire et de hausse des prix (*supra*, p. 31).

se transforme en capital circulant, par son introduction dans le prix des objets vendus, et c'est ce qui, en définitive, permet le renouvellement des immeubles, du mobilier ou de l'outillage hors d'usage. Ce renouvellement toutefois n'est qu'un but indirect, puisque l'entreprise qui s'achemine vers une liquidation prochaine, n'en doit pas moins continuer à amortir ses immobilisations, si elle veut retrouver, à sa dissolution, l'intégralité de son capital.

Les conséquences économiques de la déflation.

L'inflation, c'était le coup de fouet à la production : la déflation, c'est la crise économique qui frappe brutalement l'industrie et le commerce. La situation d'un grand nombre d'entreprises devient alors critique, car c'est la mévente, l'arrêt de la production, le chômage. Les crédits consentis sous l'inflation s'apprécient au fur et à mesure de la hausse de la monnaie, et pèsent de plus en plus lourdement sur l'exploitation. Le million emprunté en août 1926 par exemple, avait permis de constituer un stock de x tonnes de laine, mais la revalorisation ayant amené une baisse de 25 0/0 sur la laine, l'industriel ne pourra plus garantir avec ce stock qu'une somme de 750 000 francs, et il sera par conséquent à la discrétion de son prêteur, un banquier le plus souvent.

C'est ainsi que la déflation monétaire, si, dans une certaine mesure, elle affranchit l'État de l'hégémonie des puissances financières, peut être susceptible au contraire de faire tomber les producteurs sous la dépendance directe de ces puissances.

§ 3. — L'instabilité monétaire en France.

Les phénomènes que nous venons de décrire ont été ceux que notre pays a subis depuis la fin des hostilités. En 1919, inflation, baisse du franc et hausse des prix ; en 1920, stabilité relative et incertitude monétaire, puis déflation et baisse des prix, se prolongeant pendant l'année 1921, accompagnées de ruines et de faillites. Le dollar tombe de 16,90 en décembre 1920, à 12,79 en décembre 1921, et en dessous de 11 francs, dans les premiers mois de 1922 (moyenne d'avril 1922 : 10,85); le franc, par conséquent, qui valait 0,30 centimes-or en décembre 1920, se revalorise jusqu'à 0,47 en avril 1922. Puis la courbe du dollar se redresse petit à petit, traduisant une nouvelle dépréciation de notre devise, et d'une façon continue, le mouvement se poursuit jusqu'en juillet 1926, date à laquelle le franc ne vaut plus que 0,10 centimes-or 79/100e; le dollar cote à Paris 48 francs. Pendant cette période, le plafond d'émission de la Banque de France a été élevé à 58 milliards et demi; la circulation passe de 34 442 000 en juin 1919, à 53 073 000 en juin 1926; les avances à l'État de 23 250 000 à 36 600 000.

On assiste alors à une fuite générale devant la monnaie nationale; chacun transforme son avoir en marchandises ou en devises convertibles en or. Les particuliers, les industriels et les commerçants cherchent une nouvelle unité de mesure et, devant la carence de l'État qui refuse au pays la monnaie dont il a besoin, ils traitent soit en livres, soit en dollars, soit sur la base fournie par les indices du coût de la vie.

Soudain la situation se renverse, et la confiance dans l'avenir du franc entraîne une revalorisation rapide, qui le ramène à 0,20 centimes-or 9/10e, soit le dollar à 24,78. Tous les espoirs semblent alors permis aux partisans d'une revalorisation intégrale; mais devant les catastrophes qui menacent de s'abattre sur l'industrie et le commerce, le Gouvernement, par l'intermédiaire de la Banque de France, surveille le marché des changes et instaure une stabilité de fait. C'est ainsi que depuis le 23 décembre 1926, qualifié à juste titre de journée historique, la Banque de France achète les devises étrangères appréciées, à un taux fixe, réalisant par ce moyen très simple la stabilisation du franc.

L'activité économique devrait donc, semble-t-il, s'exercer désormais normalement, et la sécurité régner dans les échanges; or, il n'en est rien malheureusement et, à l'heure où nous écrivons ces lignes, la crise économique persiste. C'est que, malgré la stabilité du franc, le mal profond subsiste : ce mal, c'est l'incertitude monétaire, c'est le cours forcé. Les transactions sont paralysées et les campagnes industrielles, qui s'étendent sur plusieurs mois, et parfois sur une année, apparaissent pleines de risques à ceux qui les entreprennent ; personne naturellement ne peut contracter à long terme et être certain de faire honneur à ses obligations. Les bilans des sociétés restent déséquilibrés et ne peuvent être revisés, en l'absence d'un étalon légalement défini. L'activité économique n'est plus en résumé qu'une vaste spéculation monétaire, et chacun juge, sous cet angle, le résultat probable de ses opérations. Les uns croient possible et même souhaitable une revalorisation plus ou moins prochaine, d'autres appréhendent un glissement nouveau de la monnaie ; avec les plus sages, espérons qu'une stabilisation légale ouvrira enfin, à notre pays, une ère d'ordre et de prospérité.

CHAPITRE III

LA SITUATION DES APPORTEURS DE CAPITAUX

Les capitaux sont un élément essentiel de toute activité économique.

Nous avons considéré l'entreprise dans son activité propre, et nous avons examiné comment l'instabilité monétaire rendait précaire le but collectif poursuivi, savoir : la production des biens et des services, faite dans l'espoir de réaliser des bénéfices. Mais l'entreprise, si elle vit par elle-même, implique nécessairement, pour l'organisation de la production et la poursuite du gain, un entrepreneur et des capitalistes; sous la forme sociale, elle implique des associés, des commanditaires ou des actionnaires. L'idée d'entreprise demande en effet, pour sa réalisation, un adjuvant matériel qui est le Capital. Celui-ci est, avec le Travail, l'élément essentiel de toute activité économique; aucune entreprise ne peut fonctionner, sans qu'on ait au préalable utilisé ou investi des capitaux, soit pour l'acquisition de marchandises destinées à la revente, ou de matières premières qui seront transformées ou mises en œuvre, soit pour l'acquisition de locaux, d'installations, de machines, d'outils ou d'autres moyens de production, soit pour le louage des services d'un personnel, soit enfin pour le débours des frais de premier établissement et des frais généraux qui grèvent toute exploitation.

Le capital étant indispensable dès le début, la première opération d'une entreprise sera une opération financière : l'apport du capital par l'entrepreneur ou les associés. Mais cette mise de fonds initiale pourra se trouver insuffisante et, en cours d'exploitation, il faudra recourir au crédit. Au capital propre viendra donc s'ajouter le capital prêté soit à long terme, par des obligataires ou des banquiers d'affaires, soit à court terme par des fournisseurs. Quelle sera la situation de ces différentes personnes devant les fluctuations de la monnaie, c'est ce que l'examen du bilan nous permettra de dégager successivement pour ceux qui ont investi des capitaux dans l'entreprise, puis pour les créanciers, simples prêteurs de capitaux.

§ 1. — **Les actionnaires**.

L'action est une quote-part de l'actif social.

La plupart des entreprises industrielles et commerciales de quelque importance, même si, débutant modestement, elles ont appartenu à l'origine à une seule personne, sont aujourd'hui constituées en sociétés par actions, soit en commandites, soit anonymes. Par contre, les sociétés de personnes, devant les charges fiscales qui accablent leurs membres, deviennent de plus en plus rares et tendent à se transformer ou en sociétés anonymes, ou, depuis la loi du 7 mars 1925, en sociétés à responsabilité limitée.

Juridiquement, un associé est celui qui a fait dans une entreprise, avec l'espoir d'en tirer un profit, une mise soit en espèces, soit en apports en nature, en aptitudes ou en connaissances, évalués à un certain chiffre dans l'acte de société. Le total des mises forme le capital social, qui sera inscrit au passif dans le bilan, puisqu'il indique l'origine des capitaux qui vont permettre à l'entreprise de fonctionner. Ce capital ne représente donc pas une dette de la société envers les associés, mais il exprime simplement par sa composition, les droits de chacun d'eux sur le patrimoine social, c'est-à-dire sur l'actif net de l'entreprise.

Le capital a-t-il été apporté par un seul individu, l'entreprise lui appartient exclusivement; seul, il en recueillera les fruits, mais seul, il en supportera les pertes. Deux individus au contraire ont-ils souscrit le capital par parties égales, ils auront des droits égaux sur le patrimoine social indivis, et à sa liquidation, ils en recevront chacun une moitié. Si le capital enfin a été souscrit par un grand nombre de personnes, comme cela se présente habituellement dans les sociétés anonymes, chaque actionnaire sera propriétaire d'une parcelle de l'entreprise, proportionnelle à sa mise dans le capital social. S'il y a 10 000 actions, chacune d'elles donnera droit à $1/10\,000^e$ des bénéfices et à $1/10\,000^e$ de l'actif net, lors de la liquidation de la société. C'est ainsi qu'en Belgique il est possible de créer des actions sans désignation de valeur nominale (C. Com., art. 41), c'est-à-dire qu'au lieu de mentionner une somme, on indique que l'action représente telle fraction du capital social, par exemple $1/10\,000^e$, si celui-ci a été divisé en 10 000 actions de valeur égale. De même, dans certaines sociétés de charbonnages du Nord — qui sont civiles il est vrai, à moins cependant qu'elles n'émettent des actions au porteur — le capital est divisé en actions de quotité, type reconnu par la loi du timbre du 5 juin 1850, article 14; celles-ci sont chiffrées, non par une somme fixe, mais par une fraction, $1/100^e$ ou $1/50^e$ par exemple du capital.

La dépréciation du franc entraîne une sous-évaluation des titres de nos sociétés.

L'action d'une société représentant une quote-part de l'actif social, il en résulte que la situation des associés propriétaires d'actions, se trouve indissolublement liée à celle même de l'entreprise, quelles que soient les variations de l'unité monétaire; une action qui valait 500 francs en 1914, devrait théoriquement être cotée 2 500 francs, lorsque le franc a perdu 80 0/0 de sa valeur d'avant-guerre, en supposant bien entendu que le patrimoine de la société soit demeuré intact en quantité, en qualité et en valeur intrinsèque, malgré la dépréciation de notre devise. Il n'en est pas ainsi évidemment, puisqu'en raison de la taxation des loyers, les immeubles ont subi une moins-value réelle et très sensible[1].

Sous cette réserve, les cours pratiqués en francs-papier sur les titres des sociétés les mieux assises, tiennent-ils compte de la chute du franc, en corrigeant l'indice de sa dépréciation? L'examen de la cote de la Bourse de Paris permet de répondre par la négative, et de conclure que beaucoup de valeurs françaises sont échangées à des cours en francs actuels, égaux aux cours d'avant-guerre, ou très voisins de ces cours, donc fort inférieurs à la valeur intrinsèque des actifs nets des sociétés. Ceux-là mêmes qui semblent avoir subi une importante plus-value, apparaissent en valeur-or, c'est-à-dire en francs au pair, encore très en dessous des cours pratiqués avant 1914.

VALEURS	COURS MOYENS 1913 (francs au pair).	COURS AU **25** JANVIER **1927**	
		Francs dépréciés de 80 0/0.	Valeur-or (francs au pair).
Crédit Lyonnais	1 613	2 360	472
Société Générale	846	968	194
Rente Foncière	905	4 290	858
Electricité de Paris	774	2 100	420
Parisienne de Distribution d'Électricité	659	1 450	290
Didot Bottin	797	1 298	259
Imprimerie Chaix	1 585	4 650	930
Revillon Frères	460	1 106	221
Djebel-Ressas	414	1 260	252

N. B. Nous avons choisi, pour faciliter cette comparaison, des sociétés dont le nombre des titres est resté le même entre 1913 et le 25 janvier 1927, de telle sorte que les cours rapprochés ci-dessus s'appliquent à des titres qui représentent une fraction égale et identique des actifs nets des sociétés.

Ce phénomène de sous-évaluation des valeurs de Bourse s'est produit dans d'autres pays, et il vérifie cette remarque que la capacité d'achat d'une monnaie dépréciée demeure longtemps supérieure sur le marché intérieur, à la capacité d'achat de la même monnaie, sur les places étrangères et sur le marché des

---

1. Cf. *supra*, p. 6.

changes. Ceci toutefois ne constitue pas une raison péremptoire expliquant la sous-évaluation des titres de nos sociétés, puisqu'elle ne s'applique pas identiquement au prix de toutes les valeurs réelles : c'est ainsi qu'un immeuble, un outillage ou un stock de marchandises, sont échangés aujourd'hui pour un nombre de francs bien supérieur à celui qu'il aurait fallu avant la guerre, alors qu'une action peut être acquise pour un montant sensiblement égal ou du moins peu supérieur à sa valeur d'avant-guerre. Le prix de l'immeuble, de l'outillage ou des marchandises s'est donc peu à peu ajusté au niveau de la dépréciation monétaire; pourquoi n'en serait-il pas de même des titres d'une société, représentatifs des immeubles, de l'outillage et des marchandises appartenant à cette société?

C'est que, lorsqu'on se rend acquéreur d'un objet matériel, on voit cet objet et l'on peut en apprécier la valeur réelle, tandis que lorsqu'il s'agit d'une action, on ignore ce qu'elle représente, et par suite, il est très difficile de se faire une idée à peu près exacte, de ce qu'elle vaut effectivement. Avant la guerre, le bilan d'une société pouvait fournir une base d'évaluation, dans la mesure où il était sincère et dressé correctement, et si la cote des titres ne correspondait pas toujours à la valeur théorique de l'action, ressortant du bilan, cette valeur n'en constituait pas moins un élément précieux pour le marché. Or elle ne signifie plus rien aujourd'hui, puisqu'elle se dégage de bilans déséquilibrés par les fluctuations de l'unité qui les mesure, et si l'on s'y reporte pour apprécier la valeur d'une action, on arrive à une sous-évaluation plus ou moins importante, suivant que l'actif immobilisé de la société représente une part plus ou moins grande de son actif total.

Un bilan avant et après l'inflation. Valeur théorique de l'action.

Soit le bilan d'une société anonyme au 30 juin 1913, relevé dans l'Annuaire Desfossés de 1914, mais dont nous avons simplifié la présentation :

ACTIF   PASSIF

ACTIF		PASSIF	
Fonds de commerce, usines, matériel, installations diverses	6 753 006	Capital social (12 000 actions de 500 francs)	6 000 000
Participations	23 998	Réserves et amortissements.	3 433 051
Marchandises.	4 389 220	Créditeurs divers	4 933 234
Débiteurs divers	2 851 365	Profits et Pertes.	774 303
Caisses et banques	1 122 999		
	15 140 588		15 140 588

La valeur théorique de l'action ressort, y compris le dividende,
à 850 francs, savoir :

$$\begin{array}{lr} \text{Total de l'actif} \ldots & 15\ 140\ 588\ ^{1} \\ \qquad \text{à déduire :} & \\ \text{Passif envers les tiers} \ldots & 4\ 933\ 234 \\ \qquad \text{Actif net} \ldots & \underline{\underline{10\ 207\ 354}} \end{array}$$

à partager entre 12 000 actions, soit par action :

$$\frac{10\ 207\ 354}{12\ 000} = 850 \text{ francs.}$$

Supposons que la situation de cette société soit restée la même
jusqu'au 30 juin 1926, et dressons son bilan à cette date. Le franc
de 1926 ne valant qu'un sixième environ du franc de 1913 et les
marchandises ayant haussé dans une proportion équivalente, le
poste « Marchandises » sera six fois plus élevé, puisque les stocks
se renouvellent constamment; par répercussion, les postes
variables du bilan, actifs et passifs monétaires, qui suivent le
rythme de l'inflation, se trouveront également six fois plus forts.
Le bilan au 30 juin 1926 se présentera donc comme suit (seconde
colonne) :

---

1. Il conviendrait évidemment de déduire de cette somme les amortissements
correspondant à la dépréciation des actifs immobilisés, mais le bilan ci-dessus les
groupant avec les réserves, il ne nous a pas été possible d'en dégager le montant.

ACTIF	1913	1926	PASSIF	1913	1926
Fonds de commerce, usines, matériel, installations diverses.	6 753 006	6 753 006	Créditeurs divers.	4 933 234	29 599 404
Participations.	23 998	23 998	Actif net . . .	10 207 354	27 359 104
Marchandises.	4 389 220	26 335 320			
Débiteurs divers	2 851 365	17 108 190			
Caisses et banques . . .	1 122 999	6 737 994			
	15 140 588	56 958 508		15 140 588	56 958 508

L'actif net, on le voit, ressort à 27 359 104 francs, ce qui donne pour l'action une valeur théorique, en francs dépréciés au coefficient 6, de :

$$\frac{27\,359\,104}{12\,000} = 2\,280 \text{ francs,}$$

qui valent $\dfrac{2\,280}{6} = 380$ francs au pair, contre 850 francs en 1913.

La situation de la société est restée la même, mais la valeur théorique de l'action a baissé de 56 0/0, parce que les immobilisations comptabilisées pour un même montant depuis 1913, ne se sont pas mises au diapason de l'inflation. Le public d'ailleurs, dans la plupart des cas, ne pourra de lui-même rétablir la valeur en francs-papier de ces immobilisations, attendu qu'il ignore à quelles dates la société les a acquises, et que le franc, avant d'atteindre le coefficient de dépréciation 6, est passé par tous les coefficients intermédiaires.

Le déséquilibre des bilans viole l'égalité entre actionnaires.

Comment en l'absence de cette base idéale d'évaluation, que devrait être le bilan, va-t-on pouvoir déterminer la valeur réelle des actions d'une société? Si l'on se réfère au taux de rendement accusé par les dividendes, l'appréciation restera encore bien fragile, puisque, nous l'avons vu, les bénéfices qui ressortent de la comptabilité tenue en francs instables, sont en partie illusoires et fictifs. Telle société qui répartit chaque année des dividendes de plus en plus substantiels, distribue en réalité son capital, et souvent ne peut faire face à ces distributions, qu'en recourant au crédit.

Si les titres d'une société restaient entre les mêmes mains depuis sa création jusqu'à sa dissolution, et si aucun associé nouveau ne venait prendre place à côté des actionnaires anciens, la situation de ces derniers ne pourrait être touchée par les fluctuations de la monnaie, et l'évaluation erronée de leur droit dans l'actif social pourrait leur être indifférente. Ils trouveraient, en effet, leur part proportionnelle intacte à la liquidation de la société, après avoir reçu, pendant toute sa durée, une même quotité des bénéfices réalisés[1] ; et ainsi ne serait pas violé le principe juridique fondamental, de l'égalité entre les actionnaires d'une même société.

Or, une des principales caractéristiques de la société anonyme, qui en a permis le développement extraordinaire au détriment des autres formes de sociétés, c'est précisément la facilité de transmission du papier auquel sont attachés la qualité et les droits de l'actionnaire. L'achat d'actions de sociétés anonymes est devenu un placement liquide et réalisable en tout temps, et l'on conçoit par conséquent de quelle importance devient leur estimation sur le marché, aussi bien pour les acheteurs et les vendeurs, que pour ceux qui en sont propriétaires. Par l'acquisition d'un paquet de titres sous-évalués, un tiers obtiendra dans une société les mêmes droits qu'un actionnaire ancien, et un actionnaire qui vendra ses titres en période de dépréciation monétaire, cédera ses droits dans la société pour un prix inférieur à leur valeur réelle.

En dehors même de toute négociation de ses actions, le souscripteur originaire verra sa part dans les bénéfices et dans l'actif social, réduite au profit d'associés nouveaux, en cas d'augmentation de capital. Cette conséquence de l'inflation a été d'autant plus fréquente dans les sociétés, que la chute de notre devise, en

---

1. La distribution des bénéfices dûs à l'inflation n'étant, il est vrai, qu'une liquidation du fonds initial, ces actionnaires auraient consommé comme du revenu, une partie de leur capital.

dévorant les fonds de roulement, est venue s'ajouter aux motifs ordinaires qui poussent les sociétés à émettre de nouvelles actions, et par suite à augmenter le nombre des sociétaires. Il est certain que l'actionnaire qui souscrit un titre de 500 francs, lorsque le franc a perdu 80 0/0 de son pouvoir d'achat, est considérablement avantagé par rapport à celui qui, en 1914, a engagé un montant équivalent dans la même société. En pratique sans doute, il n'en est pas tout à fait ainsi, et la société qui procède à une augmentation de capital, exige des souscripteurs nouveaux une prime destinée à protéger les anciens actionnaires; ce serait parfait si elle rétablissait l'équilibre, mais cette prime, qui correspond généralement à la différence existant entre le cours auquel les actions anciennes s'échangent et leur valeur nominale, est forcément insuffisante, puisque les cours de Bourse ne se sont pas adaptés au coefficient de dépréciation du franc. Reprenons l'exemple ci-dessus : si le titre coté 500 francs en 1914 s'échange pour 1 000 francs lors de l'augmentation de capital, les actions nouvelles pourront être émises au nominal de 500 francs, plus une prime de 500 francs. Les nouveaux sociétaires par conséquent paieront leur part de l'actif social avec 1 000 francs, ayant en réalité la puissance d'achat de 200 francs d'avant la guerre, alors que les premiers auront engagé 500 francs-or. A la dissolution de la société, chaque actionnaire recevra enfin une somme équivalente, en remboursement de ses apports.

S'il existe des parts de fondateur ayant droit à une fraction des bénéfices d'exploitation et de liquidation, le résultat de la baisse du franc apparaîtra aussi singulier et aussi injuste. En effet, la réalisation de l'actif immobilisé d'une société peut faire ressortir un bénéfice uniquement dû à la hausse nominale des prix, c'est-à-dire à la dépréciation du franc; les actionnaires, sur le produit net de la liquidation, ne pourront prélever que le montant du nominal de leurs actions, sans qu'il soit tenu compte de la dépréciation du franc; le surplus sera considéré comme un bénéfice, et reviendra aux parts de fondateur pour une fraction correspondante à leur part de bénéfices, et aux actions pour le solde seulement.

Les actions à vote plural.

Si ces inégalités ne frappent guère les esprits en période d'inflation, et ce, en raison du cours forcé qui fausse toutes les transactions en les privant d'une commune mesure, il est un autre inconvénient dont la gravité n'a pas échappé aux nationaux des pays atteints de la maladie monétaire : c'est la main-mise éventuelle des capitalistes étrangers sur les entreprises nationales. Une société française au capital de 10 000 000 de francs représenté par 20 000 actions de 500 francs, cotées au pair en 1914, ne pouvait être contrôlée par un groupe étranger, américain par exemple, qu'à la condition que ce groupe puisse acquérir la moitié de son capital, et engager par conséquent 1 000 000 de dollars dans cette affaire. Aujourd'hui, en admettant même que le cours du titre ait doublé par rapport à 1914 et que la cote enregistre 1 000 francs, le groupe américain considéré s'emparera du contrôle de la société avec 400 000 dollars environ, c'est-à-dire pour une mise deux fois et demie moindre qu'avant la guerre.

Divers moyens ont été employés dans les pays qui ont souffert de ces bouleversements, pour assurer la préservation du capital national, et le principal a consisté dans l'émission d'actions comportant un droit de vote spécial, dont ne bénéficieraient pas les étrangers. Si l'on considère, en effet, ce qui s'est passé en Allemagne, on voit qu'il a été émis un nombre important d'actions de priorité, à droit de vote dit « plural », destinées à être conservées par les conseils d'administration, par des banques ou des groupes d'actionnaires, et qui devaient écarter l'intrusion d'éléments étrangers dans les sociétés. Mais ce motif de l'intérêt national fut souvent un prétexte, et ces émissions ont abouti fréquemment à la dépossession et à l'expropriation des petits actionnaires, au profit de la direction et des gros actionnaires des sociétés. A la fin de l'inflation d'ailleurs, il était devenu presque impossible dans beaucoup d'entreprises, de déterminer les droits respectifs des diverses catégories d'actionnaires, devant la multiplicité et la variété des actions émises [1].

Ce système de protection a pris en France durant ces dernières années, et spécialement depuis le mois d'août 1926, une ampleur exceptionnelle. Les émissions d'actions à droit de vote privilégié sont devenues de plus en plus fréquentes, en raison de la dévalorisation du franc, à tel point que le législateur s'est inquiété à juste titre des répercussions qu'elles pouvaient entraîner dans la situation des actionnaires, en enfreignant le principe fondamental de notre droit en matière de sociétés, qui est celui de l'égalité absolue des associés. Sans entrer dans le détail des arguments invoqués respectivement par les partisans et les adversaires du système d'actions dites à vote plural, nous estimons que le remède à la sous-évaluation de nos titres, ne doit pas être recherché dans la violation de l'égalité entre actionnaires, car ce palliatif se prête à de trop grands abus. La vérité est qu'une revision générale des valeurs s'impose, et que seule la stabilisation légale, en permettant la valorisation des bilans, peut rendre cette revision possible et efficace.

La déflation ne détruit pas les effets de l'inflation.

Si l'inflation, en dépréciant notre devise, a lésé les actionnaires anciens et tous ceux en général qui ont engagé dans une affaire, soit leurs capitaux, soit leurs connaissances, au temps heureux où le franc avait toute sa valeur, la revalorisation de notre monnaie devrait, semble-t-il, rétablir à leur juste prix les titres de nos sociétés. Or ce résultat paraît douteux, si l'on examine la cote de la Bourse de Paris entre le milieu de l'année 1926 et les premiers mois de 1927, période pendant laquelle le sterling a perdu sur notre place cinquante pour cent de sa valeur; les actions des sociétés françaises en effet, entraînées dans la brusque glissade

1. Raffegeau et Lacout, *op. cit.*, p. 24.

des changes et des valeurs à change, ont baissé profondément, et perdu en partie le bénéfice de la revalorisation du franc.

Le mirage de l'inflation, d'autre part, étant celui des affaires brillantes et des bénéfices sans cesse accrus, la période de dépréciation monétaire a vu se multiplier la création de sociétés nouvelles. L'inflation avait sacrifié les droits des propriétaires primitifs des entreprises d'avant guerre, au profit des actionnaires nouveaux et principalement des banquiers, par l'intermédiaire desquels les augmentations de capital s'étaient effectuées; la déflation inversement, doit être tout à l'avantage des fondateurs de sociétés nouvelles, qui auront acquis leurs droits dans ces sociétés avec un franc déprécié. Nous ne parlons bien entendu que des entreprises sérieuses et viables, et non pas de celles dont le capital émis en majeure partie pour rémunérer les intermédiaires chargés du placement des titres, est en disproportion flagrante avec l'objet de la société. Dans l'un et l'autre cas, la revision des bilans s'impose; elle dépouillera en particulier nombre de sociétés du prestige qu'elles ont acquis, dès leur constitution, de chiffres artificiellement gonflés.

§ 2. — **Les obligataires**.

En dehors du capital investi par les fondateurs et les actionnaires, les sociétés ont souvent recours au crédit par l'émission dans le public soit d'obligations, soit de bons remboursables à long terme. Bons et obligations étant des créances libellées en francs sur l'actif des entreprises, leur sort en période d'instabilité monétaire ne peut que suivre la bonne ou la mauvaise fortune du franc-papier: les prêteurs d'ailleurs le comprennent, et c'est ce qui explique le peu de succès des émissions d'obligations quand la monnaie se déprécie, et leur vogue lorsqu'elle se revalorise.

La situation des obligataires ne nécessite pas une bien longue analyse, et la revision des bilans sera sans influence sur leurs droits dans les sociétés. En recevant en monnaie avilie, comme cela s'est fait en Allemagne, le remboursement de leur prêt fait en monnaie appréciée, les obligataires sont spoliés sans aucun recours possible.

En période de déflation au contraire, les sociétés qui ont emprunté en monnaie faible se trouvent à leur tour sacrifiées au profit de leurs créanciers, sans qu'il y ait toutefois un juste retour des choses, puisque ces derniers ne sont pas en général ceux qui ont souffert de la dépréciation de la monnaie.

S'il apparaît ainsi pratiquement irréalisable de redresser les injustices dont l'État par le cours forcé a consacré la légalité, il reste possible d'y mettre un terme en stabilisant la monnaie; et si la valorisation des bilans, qui doit en être le corollaire, ne saurait en rien modifier la situation des obligataires, elle aura du moins l'avantage appréciable de les renseigner et de les éclairer sur la solidité de leur débiteur[1].

1. Cf. sur la revalorisation des créances, *infra* pp. 82 *in fine*, 83 et 84.

CHAPITRE IV

LES RÉPERCUSSIONS FISCALES DE L'INSTABILITÉ MONÉTAIRE

Justes en eux-mêmes, les impôts sur les revenus ont été faussés dans leur application par la dépréciation du franc.

Un bilan exact et sincère constitue à la vérité la base idéale d'imposition pour une entreprise industrielle ou commerciale, puisqu'il écarte tout arbitraire et évite les généralisations hâtives du forfait, qui ne tient aucun compte de la capacité imposable de chaque entreprise en particulier, ni de ses ressources réelles, ni surtout des pertes qu'elle a pu subir dans son exploitation. Notre système d'impôts cédulaires malheureusement, créé en 1917, n'a jusqu'à présent fonctionné que sous l'empire du cours forcé et d'une monnaie instable ; devant les résultats auxquels il est arrivé dans les entreprises imposées sur leurs bénéfices réels, nombreux ont été ceux qui l'ont condamné, ou du moins, lui ont adressé des reproches tels qu'il est apparu non seulement vexatoire et compliqué, mais encore injuste, lui qui précisément avait pour objectif une plus grande équité fiscale. Ainsi M. Pierre Bayart, après avoir développé dans d'attrayantes conférences données à l'École de la Chambre de Commerce de Tourcoing, les effets de l'inflation sur le bilan au point de vue fiscal, aboutit à cette conclusion qu'à l'imposition sur les bénéfices réels, doit être préféré un système d'impôt forfaitaire, basé sur un coefficient technique de rendement par profession, qui supprimera les contacts irritants et les controverses épineuses entre le contribuable et le fisc, et réalisera en même temps une justice fiscale plus parfaite [1]. Or c'est en partant de l'inflation, dont il a si bien montré les bouleversements dans le bilan, que M. Pierre Bayart conclut au rejet d'un système d'impôt équitable en lui-même; il semble donc qu'il faille en cette matière accuser surtout notre politique monétaire, plutôt que notre politique fiscale, et chercher dans la stabilisation légale du franc un remède aux injustices dont souffrent les contribuables, commerçants et industriels.

Ce mode de taxation, en effet, dont le seul perfectionnement serait d'être établi sur une moyenne quinquennale ou triennale, comme cela se fait en Angleterre et en Allemagne, est plus juste à notre avis que tout autre système forfaitaire d'abonnement, d'évaluation administrative ou de coefficients techniques, qui, frappant toutes les entreprises d'après un barème dressé par avance, fait complètement abstraction de la situation particulière de chacune d'elles. L'Administration en somme, lorsqu'elle discute les résultats que les contribuables font apparaître à leur bilan, se borne à appliquer la volonté du législateur, qui s'est toujours refusé à admettre la dépréciation de notre monnaie; attaché au principe juridique et surtout gouvernemental, de l'identité du franc-or et du franc-papier, le fisc demeure conséquent avec lui-même, en rejetant du bilan des entreprises tous les éléments de nature à contredire, directement ou indirectement, ce principe intangible. Qu'il s'agisse d'ailleurs de l'impôt sur les bénéfices industriels et commerciaux, de l'impôt sur le revenu global ou de la taxe sur le revenu des valeurs mobilières, toutes les controverses fiscales se présentent sous un même aspect : l'Administration ignore la baisse du franc, et frappe indistinctement tous les profits apparents qui en découlent.

1. Bayart, *op. cit.,* p. 376.

§ 1. — Les amortissements [1].

L'amortissement est l'opération comptable qui consiste à répartir sur plusieurs années une dépense faite au cours d'un exercice [2]; il est donc normal qu'il soit incorporé dans les prix de revient, et qu'il vienne réduire les bénéfices produits par la vente des marchandises. Si le législateur, dans la loi du 31 juillet 1917, en a prévu explicitement la déduction pour la détermination des bénéfices passibles de l'impôt cédulaire, c'est que peu familiarisé avec la pratique d'une saine comptabilité, il a voulu clairement préciser que les amortissements constituaient une charge d'exploitation, à déduire des produits, au même titre qu'une dépense de loyer ou d'entretien, pour le calcul du bénéfice net. Cela ne paraît pas douteux en effet, si l'on se reporte au texte même de la loi, puisqu'il déclare que l'impôt porte sur le bénéfice net « après déduction de toutes charges, *y compris* la valeur locative des immeubles affectés à l'exploitation et *les amortissements* généralement admis, d'après les usages de chaque nature d'industrie ou de commerce. »

En temps de stabilité monétaire, la question des amortissements est relativement simple, car ceux-ci, tout en correspondant à la dépréciation subie réellement par les éléments de l'actif, permettent à l'entreprise de reconstituer ou de remplacer ces éléments, sans mise nouvelle de capital. Il en va tout autrement lorsque la monnaie se déprécie; on s'aperçoit alors, au fur et à mesure de la hausse des prix, que l'amortissement basé sur le coût des immobilisations anciennes risque d'être insuffisant pour en assurer le renouvellement, et ne peut plus par suite remplir sa véritable fonction économique; c'est ainsi qu'une nouvelle notion est apparue, celle de l'amortissement calculé sur la valeur de remplacement [3].

1. Cf. *supra*, p. 31 : L'exploitation des entreprises et l'amortissement des immobilisations pendant l'inflation; p. 34 : pendant la déflation.
2. Charpentier, *Traité pratique des bilans et inventaires*, p. 113. Berger-Levrault, Paris, 1921.
3. Bayart, *op. cit.*, p. 129. — Banès, *op. cit.*, p. 86.

Le fisc, naturellement, n'a pas admis ce point de vue, et il a rétorqué que l'amortissement ainsi conçu changeait de caractère, qu'il n'avait plus seulement pour but de compenser la perte subie par les postes à amortir, mais qu'il se transformait en une provision destinée à parer à une perte éventuelle et future, et qu'il devait par conséquent être réintégré aux bénéfices imposables.

Si les nécessités de la vie économique se trouvent ainsi méconnues par le fisc, on ne peut lui en faire un grief, puisque le législateur ne lui permet pas de distinguer le franc-or du franc-papier, et d'admettre la véritable et unique raison qui justifie la revision des amortissements : cette raison, c'est que des amortissements pratiqués en francs-papier sur des valeurs estimées en francs-or sont insuffisants. Si l'on veut mettre fin à cette controverse, et porter dans les charges de l'exploitation des amortissements correspondant à la dépréciation réelle des actifs immobilisés, il n'existe qu'un moyen pratique, c'est d'opérer la valorisation de ces actifs, en les mesurant en francs stabilisés.

§ 2. — L'évaluation des stocks.

Tandis qu'en Belgique — où la stabilisation, il est vrai, est une réalité acquise — le Ministre des Finances exempte d'impôt les plus-values nominales sur approvisionnements, matières premières et produits fabriqués[1], notre Administration des Contributions Directes manifeste, au contraire, l'intention de procéder à une réévaluation des stocks, dont la valeur a figuré dans les exercices 1921 à 1925. Dans un grand nombre d'entreprises, en effet, on n'a pas tenu compte, pour la détermination des résultats, de la plus-value acquise par les stocks en raison de la hausse des prix; permanents dans leur ensemble, puisqu'ils constituent un instrument de travail au même titre que l'outillage, ils ont été maintenus très souvent à l'actif pour un prix inférieur à leur valeur réelle en francs-papier. Les conséquences de cette sous-évaluation ayant

1. *Infra*, pp. 151 *in fine* et suivantes.

été non seulement d'annihiler la plus-value purement nominale résultant de la dépréciation de la monnaie, mais aussi de dissimuler parfois des bénéfices réels, il est logique que l'Administration prétende les réintégrer aux bénéfices taxables, en revisant, comme la loi le lui permet, les cotisations établies sur cinq années.

Là encore, le fisc se conforme à notre politique monétaire, et le principal reproche que l'on puisse adresser à cette réévaluation n'est pas tant de reposer sur une base erronée, la confusion du franc-or et du franc-papier, que de vouloir introduire dans les bilans une méthode arbitraire pour la fixation du bénéfice des assujettis. Si l'on se reporte, en effet, aux règles édictées pour l'évaluation des stocks de matières premières dans les industries textiles par exemple, on voit que l'Administration prend comme point de départ la moyenne de trois cours bas compris entre 1890 et 1914, et lui fait subir une majoration proportionnelle à la dépréciation du franc par rapport au dollar, afin de déterminer la valeur minima pour laquelle ces stocks seront comptés ; sans doute est-elle très prudente dans cette évaluation, puisqu'elle ne retient qu'un coefficient maximum de dépréciation de 5, et qu'elle admet une décote de 20 0/0, mais il n'en reste pas moins qu'un tel procédé va à l'encontre des principes les plus élémentaires d'une comptabilité rationnelle : un stock de matières premières doit être évalué au prix de revient, quelle que soit la plus-value qu'il ait acquise, car seule la vente des marchandises peut rendre effectif le bénéfice résultant de cette plus-value. Que le fisc par conséquent vérifie les déclarations des contribuables, et s'assure qu'aucune dépréciation injustifiée des éléments de l'actif n'a été commise, cela ne mérite pas de critique particulière, mais, dans ce cas, qu'il prescrive simplement à ses agents, s'il ne veut pas aboutir à la fantaisie et à l'arbitraire, de ne jamais dépasser dans leurs évaluations le prix de revient réel des stocks envisagés [1].

1. La liste officielle des cours actuellement arrêtés d'accord entre l'Administration des Contributions Directes et les représentants de l'industrie textile se trouve reproduite par le *Bulletin Fiduciaire* d'octobre 1927, p. 348 (Paris, 51, rue de la Chaussée-d'Antin).

§ 3. — **Les plus-values en capital.**

L'Administration ne s'est pas contentée d'imposer les bénéfices fictifs d'exploitation dûs à l'inflation, mais jusqu'à une date récente, elle a soutenu que la plus-value réalisée par l'aliénation d'un actif immobilisé constituait un profit soumis à l'impôt sur les bénéfices industriels et commerciaux. Non seulement cette interprétation est erronée en elle-même, puisque les impôts sur les revenus ne sauraient frapper les accroissements de capital, mais encore elle se traduit par une injustice, en taxant une plus-value purement apparente.

La thèse initiale de l'Administration a d'ailleurs varié, et en ce qui concerne la cession des fonds de commerce, elle a été condamnée par la jurisprudence du Conseil de Préfecture, et se trouve aujourd'hui complètement abandonnée. Après la guerre et avec la dépréciation du franc, les fonds de commerce avaient subi une plus-value nominale importante, et l'Administration, qui voyait là une matière fructueuse d'imposition, prétendait faire entrer dans les bénéfices taxables de l'année de cession, la diffé-rence existant entre le prix d'acquisition d'avant-guerre et le prix de vente en francs dépréciés. Les cessions de fonds de commerce entraînaient ainsi pour les vendeurs une imposition très lourde : tout d'abord, au titre de l'impôt sur les bénéfices industriels et commerciaux, puis, dans le revenu global des assujettis, au titre de l'impôt progressif, qui amputait le bénéfice apparent réalisé, dans une proportion considérable.

Malgré toutes les objections et les difficultés soulevées par cette interprétation, l'Administration persistait dans sa manière de voir, lorsqu'est intervenu l'arrêt du Conseil de Préfecture de la Seine du 24 mars 1924, qui a tranché la question contre le fisc. Le Ministre des Finances d'ailleurs, s'est incliné devant cet arrêt, et par une décision du 15 septembre 1925, il a prescrit à son Administration de ne plus faire état, pour l'assiette des impôts sur les revenus, de la plus-value des éléments incorporels des fonds de commerce, ni de celle du matériel et, le cas échéant, des immeubles industriels servant à l'exploitation.

Bien que le Ministre ne se prononçât pas sur les cas de vente en cours d'exploitation d'éléments isolés de l'actif, on pouvait croire, ce qui était logique et conforme à la doctrine heureusement adoptée [1], que l'Administration exonérerait également les plus-values en capital réalisées en cours d'exploitation. C'est ainsi qu'une réponse faite à M. Laroche-Joubert, député (question écrite n° 7 164, *Journal Officiel* du 23 avril 1926. Déb. Chambre, p. 1951), portait que la décision ministérielle du 15 septembre 1925 trouvait son application même dans le cas de cession limitée à certains éléments corporels ou incorporels de l'actif immobilisé.

Mais depuis le mois de juillet 1927, il n'est plus possible de douter des intentions de l'Administration, qui semble bien avoir modifié radicalement sa doctrine. Le Ministre des Finances a répondu en effet à une question posée par M. Calmon, député (*Journal Officiel* du 13 juillet 1927. Déb. Chambre, p. 2608) :

« Les ventes d'immeubles, de titres, de matériel ou de brevets, effectuées pendant la durée de l'exploitation, présentent le caractère d'actes professionnels, et les gains qui en résultent sont par suite à retenir dans l'évaluation des bénéfices imposables [2]. »

La critique de cette thèse n'est plus à faire, et comme le font justement remarquer MM. Allix et Lecerclé, on peut dire qu'elle implique un véritable détournement de pouvoir, l'Administration se servant, au moyen d'une dialectique arbitraire, d'une loi destinée à taxer les revenus, pour atteindre des plus-values en capital [3]. La jurisprudence d'ailleurs ne s'est pas encore pro-

---

1. Allix et Lecerclé, *L'impôt sur le revenu*, p. 390. Rousseau, Paris, 1926.

2. Voir également la réponse faite à la question n° 12444 de M. Brocard, député (*Journal Officiel* du 13 juillet 1927. Déb. Chambre, p. 2610.)

3. Allix et Lecerclé, *op. cit.*, p. 385. Cf. également Besson, *Traité pratique des impôts cédulaires et de l'impôt général sur le revenu*, p. 236. Libr. Dalloz, Paris, 1922 ; — Bocquet, *L'impôt sur le revenu cédulaire et général*, p. 204. Tenin, Paris, 1926.

noncée à ce sujet, en matière d'impôt sur les bénéfices industriels et commerciaux, aussi serait-il désirable qu'un litige lui soit soumis, pour que la question fût tranchée définitivement [1].

§ 4. — L'impôt sur le revenu des valeurs mobilières.

Il est dans notre système fiscal une taxe qui ne frappe pas exclusivement les revenus, mais aussi tous les bénéfices accidentels ou périodiques, en revenu ou en capital, que l'on peut retirer d'un placement : c'est l'impôt sur le revenu des valeurs mobilières, créé par la loi du 29 juin 1872, et remanié le 29 mars 1914. Sans entrer dans le détail des questions soulevées par l'important problème de la valorisation des réserves, qui sera examiné dans la seconde partie de cet ouvrage, nous pouvons remarquer dès maintenant combien la baisse de la monnaie sera préjudiciable aux porteurs de valeurs mobilières, puisqu'ils devront acquitter, à la liquidation de la société au plus tard, l'impôt actuellement de 18 0/0 sur la différence entre le montant de ce qu'ils recevront pour leur part de l'actif social, et la valeur nominale de leurs titres. Or plus la monnaie aura baissé, plus cet écart sera grand : pour 500 francs engagés avant la guerre dans une entreprise, si l'actionnaire reçoit en 1927 2 500 francs, il devra payer au fisc 18 0/0 sur 2 000 francs, alors qu'il n'a fait en réalité aucun profit, puisque 2 500 francs en 1927 ne représentent pas une valeur-or supérieure à 500 francs avant la guerre.

---

1. Dans un arrêt du 4 août 1927 (*Sem. Jur.* 1927, p. 1188) le Conseil d'État a jugé qu'une perte d'actif, indépendante des bénéfices réalisés pendant l'exercice, ne constituait pas une charge de l'entreprise, déductible par application de l'article 4 de la loi du 31 juillet 1917. Il s'agissait en l'espèce, d'une perte résultant de ce que le contribuable, usufruitier du fonds de commerce exploité par lui et des immeubles où ce fonds était installé, avait dû, à la suite d'un incendie, indemniser le nu-propriétaire de la différence entre la valeur de ces biens et la somme pour laquelle ils étaient assurés.

Cette décision, appliquée en matière de plus-value d'actif, devrait conduire à leur exonération, puisque le profit résultant de la vente d'un immeuble, par exemple, est indépendant des bénéfices produits par l'exploitation.

Si l'on considère le taux élevé de cet impôt et l'importance des sommes sur lesquelles il est susceptible de porter, on peut, sans exagération, dire qu'il constitue un prélèvement direct sur le capital.

CONCLUSIONS

Si notre système fiscal aboutit à l'injustice en confondant le capital et le revenu, et en assimilant à des bénéfices réels les plus-values apparentes uniquement dues à la baisse du franc, si l'inégalité s'introduit dans les sociétés, dans la répartition des bénéfices et du fonds social, si les entreprises enfin sont dans l'impossibilité de travailler dans l'ordre et la prospérité, c'est qu'il nous manque une monnaie stable et une commune mesure pour dresser des bilans sincères, aptes à éclairer les chefs d'entreprise sur l'exploitation, à délimiter les droits de chacun dans les sociétés, et enfin, à asseoir une contribution équitable du commerce et de l'industrie aux charges grandissantes de la puissance publique.

Seule, la stabilisation légale peut nous rendre cette commune mesure, et seule, la valorisation des bilans nous permettra de rectifier les erreurs commises sous le règne de l'instabilité monétaire.

TITRE III

LA VALORISATION DES BILANS

Le rapide exposé que nous avons fait des conséquences néfastes de l'instabilité monétaire sur le bilan des entreprises, et à travers lui, sur les rapports des associés entre eux, sur leurs rapports avec les tiers et avec le fisc, nous a implicitement montré les bienfaits de la stabilisation, puisqu'en nous guérissant de la maladie monétaire, elle supprimera du même coup ses effets déprimants sur l'économie du pays. Mais le retour à une monnaie saine ne suffira pas, par lui-même, à rendre aux bilans leur exactitude perdue, et sans une valorisation immédiate de l'actif des entreprises, la stabilisation ne pourra que figer les erreurs accumulées par l'inflation ou par la déflation. Valoriser, par conséquent, doit être la première opération par laquelle chacun mettra au clair sa situation et dressera son compte de Profits et Pertes, avant de commencer à reconstruire sur de nouvelles assises. Ce ne sera pas d'ailleurs une innovation, et avant d'étudier la valorisation telle que nous la concevons, nous devons montrer quelles tentatives déjà ont été faites et quelles méthodes préconisées, pour rétablir dans les bilans l'harmonie rompue par les fluctuations de la monnaie. Les unes, privées, ont consisté en l'établissement de bilans en francs-or, et les autres, officielles, en la réévaluation d'actif ou valorisation des réserves occultes.

CHAPITRE I

LES MÉTHODES PRÉCONISÉES
DÈS AVANT LA STABILISATION DU FRANC

§ 1. — Les bilans-or.

Définition du franc-or.

Pendant l'inflation, il est apparu qu'une première correction à appliquer aux comptabilités qui avaient enregistré et additionné des francs de toutes valeurs, était de ramener leurs divers comptes à une commune mesure et de dresser des bilans-or. Dans d'autres pays déjà, qui ont souffert du mal monétaire, comme l'Allemagne et la Pologne, des techniciens avaient été amenés à rechercher des systèmes cohérents, tels que les industriels et les commerçants pussent être renseignés avec exactitude sur la marche de leurs affaires. Tous ces systèmes revenaient à ceci : évaluer chacun des postes du bilan d'après un même étalon, en recourant pour leur conversion soit à l'indice du change, ou de l'or, soit à celui des prix de gros.

En France, l'étalon préconisé a été le franc-or, c'est à-dire le franc d'avant-guerre, représentant un poids de $\frac{5}{15,5}$ ou 0 gr. 32258 d'or à 9/10ᵉ, ou un poids d'or fin de 0,32258 — 0,032258 = 0 gr. 290322. La cote officielle des changes ne donnant pas le cours du franc-papier par rapport au franc-or, c'est la cote de l'or ou encore le cours du dollar américain, qui permet de déterminer la valeur intrinsèque du franc-papier à un moment donné.

En octobre-novembre 1920, à la Conférence postale de Madrid, M. Georges Bonnet, délégué de la France, a fait adopter le moyen suivant pour calculer la contre-valeur en franc-or de notre franc-papier : l'unité monétaire des États-Unis d'Amérique, — pays où le commerce de l'or est libre, où les billets sont échangeables à vue contre de l'or, et où l'on peut apporter à son gré des lingots pour recevoir un poids égal de pièces, — a été choisie comme l'étalon universel auquel peuvent être ramenées toutes les monnaies. Au temps où le dollar et le franc étaient tous deux de bonnes et saines monnaies, 10 000 dollars valaient 51 825 francs, tout simplement parce que placés sur les deux plateaux d'une balance, 10 000 dollars et 51 825 francs de pièces d'or se faisaient équilibre. Le franc au pair, échangeable contre 0 gr. 290322 d'or fin, valait donc $\frac{10\,000}{51\,825}$ du dollar, et le dollar 5 fr. 1825.

Et puisque la cote des changes nous indique constamment combien il faut de francs-papier pour acheter un dollar, une simple règle de trois nous apprendra combien il faut de francs-papier pour valoir un franc-or : si le dollar cote 25,91, il faudra pour un franc-or :

$$25,91 \times \frac{10\,000}{51\,825} = 5 \text{ francs-papier};$$

ou encore, un franc-papier vaudra ;

$$\frac{5,1825}{25,91} = 0,20 \text{ franc-or.}$$

La conversion à pratiquer des opérations passées dans la comptabilité en francs-papier apparaît donc des plus simples, puisqu'il suffit de multiplier leur montant, par la valeur or obtenue en divisant le pair du dollar par son cours au moment de l'opération.

La comptabilité en francs-or.

Cette méthode de correction des comptabilités est sans doute très facile à concevoir en théorie ; M. Delavelle l'a montré, dans une monographie claire et concise qu'il a écrite sur ce sujet, et dans laquelle il prévoit la tenue d'un Journal à double colonnes, francs-or et francs-papier. Nous ne dirons pas qu'il y a là, malgré le surcroît de travail qu'il entraînerait, un procédé irréalisable dans la pratique, mais en raison même de la variabilité incessante de la valeur de la monnaie, la conversion immédiate des écritures au fur et à mesure de leur enregistrement resterait inefficace, puisqu'il faudrait par la suite procéder à de nouvelles conversions. Si l'on débite par exemple le compte d'un client de 1 000 francs-papier et simultanément de leur contre-valeur en or, soit de 150 francs-or, la colonne des francs-papier évidemment sera balancée lors du règlement, mais celle des francs-or, suivant que le franc se sera déprécié ou revalorisé, recevra une somme inférieure ou supérieure au débit initial en or; une écriture sera donc nécessaire pour ajuster la colonne des francs-or.

Afin d'éviter les complications presque insurmontables d'une telle méthode, on peut reporter en fin de mois, lorsqu'une balance est établie, la conversion des opérations du mois en francs-or, et adopter à cet effet, soit le cours moyen du mois, soit le cours du dollar au jour de la centralisation des écritures. La tenue d'un Journal à double colonnes devient par conséquent inutile, puisque le travail de conversion n'est effectué que sur le total des opérations.

En réalité, le but de la comptabilité or n'est pas tant de convertir en monnaie stable des opérations faites en monnaie instable, que de renseigner le chef d'entreprise sur sa situation exacte, pendant les périodes de trouble monétaire[1]. Ce but sera atteint par l'établissement de bilans-or, soit à la fin de l'exercice, soit plus souvent, si des situations complètes peuvent être dressées en cours d'année. Il suffira pour cela d'appliquer un coefficient de change aux postes francs-papier de l'actif et du passif, afin de les

---

1. Banès, *op. cit.*, p. 83 : « Il n'est pas douteux que pour la gestion même des entreprises, une vérification de leur situation par l'établissement, chaque année, d'un bilan-or, ne soit indispensable, car il est seul en mesure d'éclairer les directeurs des affaires industrielles et commerciales, sur le développement de l'entreprise. »

ramener à l'étalon or, et de dresser ainsi un bilan dépouillé de toutes les excroissances de l'inflation.

Établissement d'un bilan-or

Soit le bilan de démonstration ci-dessous au 31 décembre 1926 :

ACTIF   PASSIF

Terrains et bâtiments . .	6 450 000	Capital.	20 000 000
Matériel et outillage . . .	4 100 000	Réserve légale	785 000
Participations financières.	4 695 000	Réserves diverses. . .	5 200 000
Matières premières. . . .	10 000 000	Amortissements . . .	2 500 000
Produits fabriqués ou mi-		Bons et obligations.. .	12 500 000
fabriqués	20 200 000	Créditeurs divers.. . .	39 500 000
Clients	31 350 000		
Titres en portefeuille. . .	1 900 000	Profits et pertes .	4 010 000
Disponibilités	5 800 000		
	84 495 000		84 495 000

Connaît-on par ce bilan la situation, ou plutôt la fortune réelle de l'entreprise du 31 décembre 1926? Les actionnaires, en cas de liquidation, retrouveraient-ils, en outre de leur mise, les réserves constituées et les bénéfices annoncés de l'exercice? Nous ne le savons pas en examinant ce bilan, puisque, établi en francs-papier, il additionne des francs qui sont de valeur différente, suivant la date à laquelle les capitaux ont été apportés et les dépenses engagées.

Il convient par conséquent, si l'on veut être renseigné sur la situation vraie de cette société, de procéder au rajustement en francs-or de son bilan au 31 décembre 1926. Cette opération sera des plus faciles en ce qui concerne les postes de l'actif et du passif qui représentent des francs disponibles, à recevoir ou à payer : disponibilités, clients, bons et obligations, créditeurs divers. Supposons qu'au 31 décembre 1926, le dollar cote 25,91 à Paris ; le franc-papier vaut donc $\frac{5,1825}{25,91} = 0,20$ franc-or, et il suffit de multiplier le montant de ces chapitres par 0,20, pour en connaître la valeur-or au 31 décembre 1926.

Le portefeuille titres, s'il est composé de rentes françaises et d'obligations, sera également valorisé suivant le même procédé, puisque les rentes et les obligations ne sont que des créances en francs. Leur cours au 31 décembre en francs-papier devra donc être multiplié par 0,20, fraction qui représente la valeur du franc-papier à cette date.

La valorisation des comptes de valeurs réelles, que l'on peut appeler les postes fixes du bilan[1], sera plus difficile à opérer; il faudra en effet, avant de les convertir en francs-or, rechercher à quelle date a été engagée chacune des dépenses totalisées au 31 décembre 1926. Admettons que ces renseignements nous soient connus, et procédons à la valorisation des postes fixes, étant entendu que les amortissements feront, au passif, l'objet d'une valorisation analogue.

TERRAINS ET BATIMENTS. — Sous ce titre se trouvent réunis :

1° Un immeuble acquis avant la guerre	Fr.	2 000 000
2° Un immeuble acquis en 1923, sur une option de 1920.	—	4 000 000
3° Un terrain acheté en octobre 1926	—	450 000
Au total	Fr.	6 450 000

Le premier immeuble, dont l'entreprise était propriétaire en 1914, sera inscrit au bilan-or pour 2 000 000 de francs-or.

Quant au second, dont le prix avait été fixé dès la date de l'option, il conviendra d'adopter pour sa valorisation la valeur du franc à cette date, et non pas celle de notre monnaie au jour de la levée d'option. Le franc valant 0,50 franc-or en 1920, nous multiplierons 4 000 000 par 0,50, et nous obtiendrons par conséquent un montant de 2 000 000 de francs-or.

Le terrain enfin sera valorisé au cours du franc en octobre 1926, c'est-à-dire qu'on en multipliera le prix payé par 0,15 franc-or, et il figurera par suite au bilan-or pour 67 500 francs-or.

Le poste « Terrains et bâtiments » se totalisera donc à l'actif, au

1. Cf. *supra*, p. 26.

31 décembre 1926, par 4 067 500 francs-or (2 000 000 + 2 000 000 + 67 500).

MATÉRIEL ET OUTILLAGE. — La valeur du matériel et de l'outillage, dont disposait la société en 1914, figurant pour 1 500 000 francs dans le total du chapitre, nous inscrirons 1 500 000 au bilan-or.

En ce qui concerne les autres installations et le matériel acquis pour 2 600 000 francs-papier entre 1914 et 1926, nous les convertirons en francs-or d'après le cours du dollar à la date de chacune des acquisitions ou, pour simplification, nous adopterons des cours moyens mensuels, trimestriels, voire annuels. Si ce travail nous donne 650 000 francs-or, le poste « Matériel et outillage » apparaîtra au bilan pour 2 150 000 francs-or (1 500 000 + 650 000).

PARTICIPATIONS FINANCIÈRES. — Cette rubrique représente le montant des capitaux que la société a engagés dans des affaires filiales, ou bien des intérêts importants qu'elle a pris dans d'autres sociétés par l'achat d'actions en nombre, le plus souvent en vue de contrôler leur direction.

La valorisation en francs-or de ce poste nécessitera une valorisation préalable et analogue du bilan de ces entreprises, afin de déterminer la valeur-or de leur actif net, et par conséquent de leurs actions.

Admettons que l'opération, pratiquée pour chacune d'elles, permette d'évaluer le total des participations à 4 000 000 de francs-or, et inscrivons cette somme au bilan-or.

MATIÈRES PREMIÈRES. — Les stocks de matières premières se renouvellent sans doute, au fur et à mesure des utilisations, et s'adaptent à la valeur du franc-papier, mais comme il s'écoule néanmoins un assez long temps entre leur entrée en magasin et ces utilisations, on ne peut les traduire en francs-or au cours du jour de l'établissement du bilan.

On remontera donc à la période de leur acquisition, ce qui est possible lorsqu'il est tenu une comptabilité « matières »; si cette acquisition a été faite alors que le franc-or valait 6 francs-papier, on obtiendra, pour le stock au 31 décembre, une contre-valeur de 1 666 000 francs-or en chiffres ronds (10 000 000 : 6). Il est bien entendu qu'il s'agit là de la conversion de leur valeur d'achat, et non d'une estimation faite au cours du jour de la clôture de l'exercice. Dans ce cas, ce serait la valeur du franc-papier à cette date qu'il faudrait considérer.

Produits fabriqués ou mi-fabriqués. — Les objets destinés à la vente étant en général fabriqués pendant tout l'exercice, il est plus malaisé que pour les matières premières de connaître la contre-valeur en or de leur prix de revient.

On pourra, suivant que la constitution du stock à l'inventaire s'est étendue sur une année, six ou trois mois, retenir le cours moyen du dollar pendant l'année, le semestre ou le trimestre. Si les marchandises ont été inventoriées au cours du jour, c'est la valeur de la monnaie à cette date qui devra être adoptée.

Supposons qu'il en soit ainsi dans le bilan que nous valorisons, et puisque le dollar cotait au 31 décembre 1926 25,91, multiplions le total des marchandises, soit 20 200 000 par 0,20. Le stock apparaîtra au bilan-or pour 4 040 000.

Si l'on se reporte maintenant à notre bilan de démonstration, on voit que tous ses éléments ont été convertis en francs-or, à l'exception du passif envers la société, Capital, Réserves, Profits et Pertes, et du passif réducteur d'actif, Amortissements. Le capital sans doute ne saurait être modifié dans une société par actions [1], mais il ne faut pas oublier que l'établissement d'un bilan-or ne présente aucun caractère officiel, et qu'il n'est opposable ni aux actionnaires, ni aux tiers ; et puisqu'il a simplement pour but de révéler la situation véritable de l'entreprise, on peut sans inconvénient valoriser le passif envers la société, au même titre que

---

1. Raffegeau et Lacout, *op. cit.*, p. 69.

tous les autres éléments de l'actif et du passif. C'est ainsi que nous procéderons dans notre exemple.

CAPITAL. — Si le capital avait été souscrit et libéré en totalité avant la guerre, il resterait inscrit au bilan-or pour 20 000 000 de francs; mais comme ce n'est pas le cas général et que de nombreuses sociétés ont eu recours à des augmentations de capital, nous supposerons que 10 000 000 de francs seulement ont été souscrits avant 1914, et 10 000 000 appelés en 1924, alors que le franc-papier valait 0,25 franc-or.

Nous porterons donc au bilan-or le compte « Capital » pour 10 000 000 plus 2 500 000 (0,25 × 10 000 000), soit au total 12 500 000 francs-or.

RÉSERVE LÉGALE ET RÉSERVES DIVERSES. — Ce sont là des bénéfices mis en réserve, soit en vertu d'une obligation légale, soit statutairement, ou encore du consentement de l'assemblée générale des actionnaires. Ce capital nouveau, créé par l'exploitation, est venu accroître les moyens d'action de la société; comme le capital apporté par les associés, il devra être valorisé d'après la valeur du franc au moment de sa création. On prendra, à cet effet, le cours moyen du franc-papier pendant les exercices au cours desquels les réserves auront été constituées.

Si une prime à l'émission, versée par les actionnaires lors d'une augmentation de capital, est venue augmenter le montant des réserves, ce sera la valeur du franc à la date de son versement qu'il conviendra d'adopter pour la transformation de cette prime en francs-or.

Admettons que ces calculs nous aient donné 214 000 francs-or pour la réserve légale, et 1 400 000 francs-or pour les réserves diverses.

AMORTISSEMENTS. — Ils comprennent les amortissements pratiqués sur les immeubles, le matériel et l'outillage depuis l'origine, et correspondent à la dépréciation subie par ces différents postes ; ils doivent être convertis en francs-or suivant les mêmes bases que ces derniers.

Sur l'immeuble et le matériel d'avant-guerre, s'élevant ensemble à 3 500 000 francs, il y a 2 025 000 francs d'amortissements qui doivent être des francs-or. Le solde, 475 000 francs, sera réévalué aux mêmes cours que les immobilisations amorties, et représentera 156 000 francs-or.

Il y aura donc, au total, 2 181 000 francs d'amortissements.

PROFITS ET PERTES. — Ce sont les bénéfices accusés par le bilan, pour l'exercice 1926 ; ils pourront être traduits en francs-or à raison de 6 francs-papier pour 1 franc-or, le cours moyen du dollar ayant été en chiffres ronds de 31 francs, pendant l'année 1926 $\left(\dfrac{31}{5,1825} = 6 \right)$. Ces bénéfices représenteront donc 668 300 francs-or.

Après avoir effectué toutes ces opérations, le bilan au 31 décembre 1926 se présentera comme ci-dessous :

ACTIF   PASSIF

	FRANCS-PAPIER	FRANCS-OR		FRANCS-PAPIER	FRANCS-OR
Terrains et bâtiments.	6 450 000	4 067 500	Capital	20 000 000	12 500 000
Matériel et outillage.	4 100 000	2 150 000	Réserve légale . . .	785 000	214 000
Participations finan-			Réserves diverses. .	5 200 000	1 400 000
cières	4 695 000	4 000 000	Amortissements. . .	2 500 000	2 181 000
Matières premières .	10 000 000	1 666 000	Bons et obligations.	12 500 000	2 500 000
Produits fabriqués ou			Créditeurs divers . .	39 500 000	7 900 000
mi-fabriqués . . .	20 200 000	4 040 000	Profits et Pertes . .	4 010 000	668 300
Clients	31 350 000	6 270 000			
Titres en portefeuille.	1 900 000	380 000			
Disponibilités. . . .	5 800 000	1 160 000			
Perte.	»	3 629 800			
	84 495 000	27 363 300		84 495 000	27 363 300

La situation de la société n'est donc pas *in bonis* au 31 décembre 1926, comme le laisserait croire le bilan en francs-papier, mais au contraire en perte de 3 629 800 francs-or. Si l'on déduit de cette perte les réserves et le bénéfice (214 000 + 1 400 000 + 668 300 = 2 282 300), le capital social apparaît encore entamé de 1 347 500 francs-or.

Nous remarquons même que la société qui a emprunté 12 500 000 francs en 1920, alors que le franc valait 0,50 franc-or, soit 6 250 000 francs-or, n'aurait à rembourser le 31 décembre, à raison de 5 francs-papier pour 1 franc-or, que 2 500 000 francs-or, faisant ainsi une économie de 3 750 000 francs-or sur ses obligations. Si une loi rendait obligatoire la valorisation de celles-ci, le capital de la société se trouverait cette fois entamé de 5 097 500 francs-or (1 347 500 + 3 750 000).

Détermination en francs-or des résultats d'un exercice.

L'établissement d'un bilan-or suffit, on le voit, pour renseigner les entreprises sur leur situation exacte, en période d'instabilité monétaire, sans qu'il soit besoin de recourir à la tenue d'une comptabilité en francs-or, complète et compliquée. Comparés entre eux, ces bilans-or permettent en outre de déterminer avec précision les résultats d'exercices successifs, et de vérifier par là même l'existence des bénéfices annoncés en francs-papier. Y a-t-il d'une année sur l'autre un accroissement de l'actif net en francs-or, c'est que la société s'est enrichie par son exploitation ; si l'on constate au contraire un gonflement des postes en francs-papier sans plus-value de l'actif or, les bénéfices ne correspondent qu'à la chute de l'unité monétaire, et en les distribuant, la société épuise son propre fonds.

DÉMONSTRATION COMPTABLE.

Considérons un bilan très simple, et supposons-le équilibré en francs-or, alors que le coefficient de dépréciation de la monnaie papier est de 5, les réserves en francs-papier ayant conservé intact le capital social.

ACTIF   PASSIF

	FRANCS-PAPIER	FRANCS-OR		FRANCS-PAPIER	FRANCS-OR
Immobilisations .	5 000	5 000	Capital.	10 000	10 000
Marchandises . .	20 000	4 000	Réserves	20 000	»
Clients.	10 000	2 000	Fournisseurs. . .	6 000	1 200
Caisse	1 000	200			
	36 000	11 200		36 000	11 200

Le franc perd 20 0/0 environ de sa valeur et, à la fin de l'exercice, sa dépréciation totale par rapport au franc-or se chiffre par l'indice 6; un franc-or vaut donc 6 francs-papier.

Cependant la moitié du stock des marchandises, en raison de l'ascension des prix, a été vendue avec une majoration de 70 0/0, autrement dit, ce qui était inventorié 10 000 francs-papier au début de l'exercice $\left(\dfrac{20\,000}{2}\right)$ à été vendu 17 000 francs-papier.

Le bénéfice ressort donc à 7 000 francs-papier. Mais si l'on établit le bilan en francs-or au coefficient 6, on voit qu'il n'est que de 667 francs-or :

ACTIF   PASSIF

	FRANCS-PAPIER	FRANCS-OR		FRANCS-PAPIER	FRANC-OR
Immobilisations .	5 000	5 000	Capital.	10 000	10 000
Marchandises. . .	10 000	2 000	Réserves.	20 000	»
Clients.	27 000	4 500	Fournisseurs . . .	6 000	1 000
Caisse	1 000	167	Bénéfice . . .	7 000	667
	43 000	11 667		43 000	11 667

Le bénéfice réel n'est en francs-papier que de 4 002, soit 667 × 6, et le surplus annoncé, 2 998 francs-papier, représente bien un profit illusoire, puisqu'il a été annihilé par les pertes subies dans les actifs monétaires.

Les imperfections du bilan en francs-or.

La pratique des bilans-or, qui paraît séduisante du point de vue comptable, aboutit malheureusement à des résultats inexacts, parce que manifestement exagérés dans leur pessimisme. Considérant en effet toutes les immobilisations du bilan, elle leur assigne une valeur immuable à travers toutes les vicissitudes de l'inflation; elle pose en principe qu'un immeuble qui valait 1 000 000 de francs en 1914, doit rester inscrit à l'actif d'une entreprise pour 1 000 000 de francs-or, quelle que soit la dépréciation de notre monnaie; elle admet enfin, comme un axiome, qu'une action de 500 francs avant la guerre devrait être représentée par 500 francs-or ou 2 500 francs-papier, si le dollar cote à Paris 25,91 (5,1825 × 5).

Opérer une valorisation dans ces conditions, avec une rigueur mathématique aussi absolue, c'est méconnaître les réalités économiques et les bouleversements nés de l'inflation et du cours forcé; c'est croire que le passage du bilan-papier au bilan-or peut s'effectuer par une simple transposition automatique de ses divers postes, sans souci des règles fondamentales qui doivent présider aux évaluations des éléments actifs d'une entreprise.

Inexact quant à ses résultats présents, le bilan-or a toutefois, dans l'esprit de ceux qui l'ont préconisé, une portée plus large qu'une simple revision des valeurs; il doit préparer, en effet, les entreprises industrielles et commerciales à subir sans dommages l'assainissement de nos finances, par un retour du franc au pair; ce système, en réalité, repose sur l'hypothèse de la déflation qui ne sera économiquement possible, d'après ses promoteurs, que par l'adoption d'une monnaie de compte, le franc-or en l'espèce. Contracter en francs-or, tenir toutes les comptabilités en francs-or, telles seront les mesures qui, tout en ramenant la justice dans les transactions, permettront le redressement de notre monnaie. Faute de les adopter, la revalorisation du franc, en accroissant considérablement la charge des emprunts contractés en francs-papier, paralysera non seulement toute l'activité économique, mais encore acculera à la faillite nombre de sociétés.

La validité du franc-or.

C'est ainsi que recherchant la justice et tournés en même temps vers l'avenir, des auteurs ont été amenés à examiner la validité du franc-or dans les transactions, et partant, la possibilité de tenir en cette monnaie les comptabilités officielles. Le franc-or, a-t-on dit, a été officiellement défini à la Conférence postale de Madrid en 1920, une fraction du dollar égale à 10 000/51 825; son existence légale ne peut donc être mise en doute. L'État, d'autre part, en émettant par le décret du 4 juillet 1925 un emprunt intérieur à garantie de change, a lui-même contracté sur la base du cours de la livre sterling, et il a indirectement reconnu l'instabilité du franc-papier, puisqu'il a stipulé que les intérêts de cet emprunt seraient payables avec un plus ou moins grand nombre de francs, suivant la valeur-or de notre monnaie, indiquée par le cours des changes; la fiction du « franc égale un franc » a perdu par là-même son caractère de principe intangible et d'ordre public.

Il restait toutefois à réfuter l'argument du cours forcé, invoqué par de nombreux arrêts de jurisprudence et une partie de la doctrine contre l'usage du franc-or dans les stipulations. On y a répondu de la façon suivante :

Le cours forcé est un moratorium qui dispense la Banque de France de rembourser les billets en or et à vue; mais il n'intéresse pas les rapports des créanciers et des débiteurs, pour lesquels seul le cours légal est à considérer, c'est-à-dire l'obligation de recevoir les billets de la Banque de France comme monnaie légale. La loi du 5 août 1914, par conséquent, qui a simplement suspendu l'échange du billet contre des espèces métalliques, n'a en rien modifié les possibilités de contracter précédemment existantes, et une stipulation en francs-or, fixant l'obligation prévue au contrat d'après une monnaie de compte, ne peut être interdite, puisqu'elle ne contrevient en aucune façon au cours légal édicté par l'article 1er de la loi du 12 août 1870. Le créancier en effet sera payé en monnaie de papier, mais il recevra de celle-ci une quantité suffisante pour représenter la valeur prévue au contrat d'après le cours du change [1].

La validité d'une monnaie de compte et des clauses or paraît donc certaine, et il semble bien que l'on ait ainsi, pour les comptabilités et les contrats, un moyen d'accorder la loi avec les exigences élémentaires de l'économie politique, de la raison et de la morale ; la morale en effet interdit de s'enrichir sans cause légitime aux dépens d'autrui et, dans l'ordre tant économique que juridique, le principe fondamental de la liberté des conventions est la règle tutélaire d'après laquelle tout ce qui n'est pas défendu est permis.

En dépit de ces arguments dont certains peuvent sans doute paraître concluants, rares ont été les décisions de jurisprudence qui ont validé l'emploi des clauses tendant à corriger les effets de l'instabilité monétaire sur l'exécution des contrats. Dans ce sens toutefois, nous pouvons citer les arrêts suivants :

Aix. — 26 novembre 1924. — « La clause stipulant le paiement du frêt en francs-or ne tend pas à faire sortir de France de la monnaie d'or, mais seulement à faire payer la créance en papier ayant cours forcé, d'un montant égal à la valeur de la monnaie prévue aux accords ; cette clause n'est donc pas contraire à l'ordre public [2]. »

Nice. — 30 décembre 1925. — « Aucune disposition légale ne fait obstacle à ce que les parties fassent état, pour la fixation du prix d'un loyer, des variations éventuelles de la valeur du franc-papier [3]. »

Aix. — 10 février 1927. — « L'obligation d'accord sur le montant du loyer dans le contrat de louage n'implique pas nécessairement que le montant soit connu des parties au jour du contrat, pourvu que

---

1. Cette thèse a été soutenue par M⁰ de Roux dans un rapport présenté le 9 juin 1922 à la Semaine de la Monnaie.
2. *Legia* n° 28, sept.-octobre 1925, p. 607.
3. *Ibid.*, n° 38, août-septembre 1926, p. 772.

sa fixation ne dépende pas de la seule volonté de l'une d'entre elles, et que celles-ci soient d'accord sur son mode de détermination [1].

« ... La garantie de change prise par le bailleur n'est prohibée par aucune loi et est sans influence sur la valeur du billet de banque français, si l'on considère que le mode de fixation du montant du loyer adopté par les parties, et destiné à suivre le mouvement des changes, fait état de la plus ou moins grande appréciation de notre devise, mais ne contribue en rien à créer sa dépréciation, pas plus qu'il ne contribue à créer son appréciation. »

Dictés par le bon sens et l'équité, ces arrêts semblent avoir méconnu la portée des lois sur le cours légal et le cours forcé, dont le but est de garantir au billet de banque sa pleine valeur de monnaie équivalente à l'or dans la circulation française, quelle que soit sa valeur réelle sur le marché des changes ou son pouvoir d'achat à l'intérieur. Aussi constituent-ils des exceptions, et l'on peut dire que presque tous les tribunaux ont condamné les stipulations en francs-or ou leurs succédanés, comme contraires aux lois des 12 août 1870 et 5 août 1914, qui intéressent l'ordre public [2]. Cette jurisprudence en somme n'a fait qu'appliquer strictement les textes qui régissent notre système monétaire, et seules sont critiquables les lois qui ne tiennent aucun compte, dans les rapports économiques, de la réalité et de la justice.

Les lois des 7 germinal an XI, 11 juillet 1866 et 24 décembre 1878 ont posé en principe l'unité du franc, en identifiant absolument un certain poids d'or, un certain poids d'argent une fois monnayés. Puis la loi du 12 août 1870, en décrétant le cours

---

1. *Dalloz Hebdomadaire*, 28 avril 1927, p. 246. Dans cette espèce, les parties avaient stipulé que le loyer serait payable en monnaie française ou billets de la Banque de France, d'après le cours du dollar (ou le mètre cube de maçonnerie de moellons à Paris), au jour de l'échéance du terme.

2. Contrairement à la jurisprudence française, les tribunaux italiens ont admis la validité des stipulations fixant d'une manière stable la valeur des prestations dans un contrat, le paiement du prix étant bien entendu effectué en lire-papier au cours du change.

L'Italie d'ailleurs depuis, a précédé notre pays sur la voie de la restauration monétaire, en stabilisant sa monnaie par dévaluation le 22 décembre 1927, sur la base de 7 gr. 919 d'or fin pour 100 lire. Cette parité correspond pour le dollar à 19 lire et pour la livre sterling à 92 lire 46.

légal du billet de banque, créa une nouvelle équivalence, ce billet étant censé valoir 100 francs de monnaie d'or, de même que 5 grammes d'argent, une fois convertis en monnaie, sont censés avoir une valeur identique à 1 franc-or. Cette équivalence légale, par le cours forcé, cesse d'être une réalité pour devenir une fiction ; le cours forcé n'est donc pas seulement un moratoire de remboursement spécial aux banques d'émission ; joint au cours légal, il affirme que la monnaie de papier est égale en valeur à la monnaie d'or. C'est l'assimilation forcée du franc-papier au franc-or, et quelle que soit la dépréciation du billet, l'État maintient que le franc-papier vaut exactement 0 gr. 32258 d'or à 9/10ᵉ. Stipuler en francs-or ou adopter le franc-or comme monnaie de compte, aboutirait donc à nier cette équivalence et à violer ouvertement la loi monétaire du cours forcé, qui, suivant les termes de l'arrêt rendu le 11 février 1873 par la Chambre civile de la Cour de Cassation, participe du caractère des lois de police et de sûreté, et intéresse incontestablement l'ordre public.

S'élevant au-dessus de la controverse juridique, on peut ajouter que le franc-or, pas plus que le dollar ou la livre sterling, ne saurait être à la volonté des particuliers la mesure des transactions et des échanges. Si les stipulations or étaient admises, la justice voudrait que tous pussent s'en prévaloir, quelle que soit la forme des contrats passés ; dans tout contrat, en effet, l'intention des parties est de se garantir l'une à l'autre l'exacte valeur de remplacement de la prestation fournie, aussi serait-il profondément illogique que seuls fussent protégés contre la hausse ou la baisse de la monnaie légale, ceux qui l'auraient expressément prévue.

De ce qui précède, une conclusion se dégage : la pratique du franc-or n'a aucune chance de s'acclimater, car elle ne peut suppléer l'existence d'une monnaie saine et stabilisée. Appliqué à l'établissement des bilans, le franc-or prémunit sans doute contre les illusions, mais il n'apporte pas de solution juridique aux difficultés nées de l'inflation et de l'instabilité monétaire.

§ 2. — **La réévaluation d'actif.**

Devant l'impossibilité où l'on se trouvait de procéder officiellement au regard des actionnaires et des tiers, à la valorisation en francs-or du bilan des entreprises, on a imaginé de lui rendre son équilibre par la réévaluation en francs-papier de ses éléments d'actif sous-estimés. C'est ce que l'on a appelé la solution juridique du problème de la revision des bilans [1].

Cette solution, mathématiquement aussi juste que celle du bilan en francs-or, consiste à ramener tous les comptes de l'actif à une commune mesure, en l'espèce l'unité du franc-papier, pris à une date déterminée; si le franc-papier vaut à la clôture d'un exercice cinq fois moins que le franc d'avant-guerre, l'actif immobilisé acquis en 1914, 1 000 000 de francs, sera porté au bilan réévalué pour 5 000 000 de francs.

Du point de vue comptable, ce procédé ne mérite aucune critique particulière, puisqu'il a simplement pour but de redresser une situation faussée par les variations de l'unité monétaire. Il présente même deux avantages, celui d'abréger les conversions en laissant intacts les actifs « Clients », « Effets à recevoir », « Caisses et banques », et celui de faciliter la lecture du bilan, établi en monnaie légale, et en même temps avec une commune mesure ; notons toutefois qu'avec ce procédé la comparaison des résultats d'un exercice sur l'autre devient fort délicate, si le franc-papier a perdu ou regagné une partie de sa valeur, entre les deux dates d'arrêté des écritures.

C'est précisément pour cette raison que la réévaluation d'actif ne devrait pas à notre avis faire l'objet d'une consécration juridique et définitive ; si l'on demande en effet à une assemblée générale d'en fixer les résultats, on commet une imprudence certaine, puisque réalisée en francs-papier, elle sera aussi éphémère que la valeur du franc-papier lui-même, choisi comme étalon.

1. Bayart, *op. cit.*, p. 197.

Des études ont été faites sur les possibilités juridiques de la réévaluation d'actif, mais il ne semble pas que ce côté économique de la question ait été approfondi. M. Delavelle toutefois, dans sa monographie sur la comptabilité en francs-or, traitant dans un dernier chapitre des plus-values d'actif, conclut qu'on ne pourrait songer à la conversion des immobilisations d'avant-guerre en francs-papier, que quand la valeur du franc-papier sera par rapport au franc-or définitivement stabilisée à un taux fixe. Il ajoute plus loin avec infiniment de raison[1] :

« La vérité juridique ne s'oppose pas à l'incorporation des plus-values dans le capital ou les réserves, la vérité fiscale l'appelle de ses vœux, la vérité comptable s'y oppose, parce qu'il n'y a pas plus-value des valeurs actives, mais moins-value des francs. Et comme la comptabilité touche de plus près au pratique et au réel, puisqu'elle évolue sur le terrain solide des faits, ses affirmations ont chance d'être plus conformes à la vérité pure. »

Il n'y a pas certes plus-value des valeurs actives, mais si M. Delavelle oppose la vérité comptable à la vérité juridique[2], c'est surtout parce que tout le système de la comptabilité en francs-or, qu'il préconise, repose sur l'hypothèse de la déflation, incompatible avec une réévaluation d'actif, qui enregistrerait d'une façon définitive les effets de la dévaluation de notre monnaie.

Bien que l'hypothèse de la déflation ne nous paraisse pas devoir être envisagée, la conclusion de M. Delavelle se rencontre avec la nôtre, puisqu'elle rejette toute revision officielle des bilans en un franc susceptible d'appréciation ou de dépréciation. Placée au contraire dans le cadre d'une stabilisation légale du franc, la réévaluation d'actif constituera une pièce essentielle de la valorisation des bilans; c'est dans ce cadre par conséquent, que nous en discuterons les possibilités juridiques et la réalisation pratique.

---

1. Delavelle, *op. cit.*, pp. 87-88.
2. Bayart, *op. cit.*, p. 202.

CHAPITRE II

LA RESTAURATION MONÉTAIRE ET LA REVISION DES BILANS

Section I. — OBSERVATIONS PRÉLIMINAIRES

Les avantages d'un nouvel étalon monétaire.

Puisque la valorisation des bilans ne pourra être effectuée publiquement et officiellement, avec toutes les garanties désirables, que le jour où une nouvelle valeur du franc sera devenue officielle et publique, nous supposerons, dans les développements qui vont suivre, la stabilisation sanctionnée par une loi et le cours forcé abrogé.

Une question toutefois se présente aussitôt à l'esprit : quel étalon nous sera donné? Est-ce le franc dévalué qui restera notre monnaie de compte, ou bien créera-t-on une nouvelle unité monétaire? Ne faut-il pas craindre, dans le premier cas, qu'un étalon trop petit, réduit à 20 ou 25 centimes-or, ne puisse suffire à une activité économique en progrès constant. Il y a là une question de technique financière, qui ne peut être résolue qu'après des études soigneusement faites sur les prix, sur les salaires, sur les appointements et sur tous les autres éléments de la vie économique.

Cela ne signifie pas que la valorisation dépende de la solution apportée à ces problèmes. Non, puisque la stabilisation, du fait même qu'elle assurera l'échange à un taux fixe du billet de banque contre de l'or ou des devises appréciées, elles-mêmes échangeables contre ce métal, rendra au pays la sécurité indispensable aux transactions, et lui donnera l'instrument de mesure et la règle d'or des échanges, dont l'absence avait permis toutes les erreurs et couvert toutes les spoliations. Nous croyons néanmoins préférable, parce que plus complète, une réforme monétaire couronnée par la création d'un nouvel étalon, d'une nouvelle monnaie déterminée eu égard au cours effectif de la stabilisation, combiné avec les commodités commerciales.

La stabilisation belge nous donne sur ce point un enseignement précieux. La Belgique, en effet, aurait pu s'en tenir à la dévalorisation de son franc au coefficient 7, sans procéder simultanément à la création du belga, défini un poids d'or fin de 0 gr. 209211. Par les mesures prises, le système monétaire belge était assuré d'une base or large et solide. Mais comme le remarquait M. Louis Franck, il fallait, pour tenir compte des éléments psychologiques qui jouent sur le marché des changes, faire apparaître partout, qu'en lieu et place d'un billet de banque n'ayant qu'une couverture métallique insuffisante, et garanti pour le surplus par une énorme créance sur l'État, la Belgique allait avoir désormais une monnaie fiduciaire ancrée dans l'or, avec une sécurité spéciale résultant de fortes réserves de change et d'un crédit des banques d'émission. La création du belga, multiple 5 du franc belge, a répondu à ces préoccupations.

Sans préjuger de ce qui sera fait en France, et quel que soit le procédé auquel nous nous arrêterons pour stabiliser, le retour à une monnaie saine permettra la revision immédiate des valeurs. Les plaies causées par l'inflation dans le bilan des entreprises industrielles et commerciales pourront être mises à nues et pansées efficacement; chacun aura la possibilité de dresser son compte de Profits et Pertes et de commencer à reconstruire. Les chefs d'entreprises, les administrateurs, les grands capitaines d'industrie, qui négligeraient cette tâche et qui maintiendraient leurs bilans dans les errements nés de l'instabilité monétaire, s'aveugleraient volontairement sur leur situation, et, aveuglant les tiers pareillement, manqueraient à leur devoir de sincérité envers les actionnaires et le public. Les affaires larges, honnêtes, productives, ne doivent prospérer qu'au grand jour.

Sincérité et exactitude de la valorisation.

Sincérité et exactitude des évaluations, tel doit être le principe qui doit présider à la valorisation de l'actif des entreprises industrielles et commerciales. La sincérité ne suffit pas, et si une majoration arbitraire et de mauvaise foi pourrait exposer les administratenrs d'une société à des sanctions pénales, une inexactitude, commise de bonne foi, serait susceptible d'engager leur responsabilité civile, à l'égard des actionnaires et des tiers.

Les majorations d'actif ne sont pas seules condamnables, et il ne saurait appartenir aux administrateurs, ni même à l'unanimité des actionnaires, de falsifier par des dissimulations ou des sous-évaluations d'actif, un bilan qui peut intéresser des tiers et même le crédit public; les lois fiscales enfin, en taxant les sociétés sur leur bénéfice réel, sont venues renforcer encore ces prescriptions, sous peine de poursuites et d'amendes sévères.

Il convient donc d'adopter, pour la revision des bilans, une méthode prudente, telle qu'aucune majoration, comme aucun rabais, ne puisse se glisser dans les évaluations faites de bonne foi.

Nous verrons d'ailleurs, en examinant les divers éléments d'actif susceptibles d'être valorisés, qu'il n'est pas possible de dégager et de fixer des règles immuables, applicables dans tous les cas aveuglément, mais qu'il est indispensable, au contraire, d'analyser avec beaucoup d'attention le contenu des comptes à reviser, et de rechercher pour chacun d'eux la solution la plus conforme au but poursuivi, savoir : la présentation d'un bilan exact et sincère.

Quels postes du bilan doivent être valorisés?

Les bilans sont faux parce qu'ils ont additionné des francs de valeur essentiellement différente, les uns représentant 0 gr. 29

d'or fin et d'autres une contre-valeur de plus en plus réduite, au fur et à mesure de l'inflation. Ceci est vrai aussi bien pour les postes de l'actif qui correspondent à des existences matérielles, comme les immeubles, l'outillage, les marchandises, etc..., que pour les créances, les obligations et les dettes. Il est aussi étonnant en effet, au point de vue comptable, de voir figurer pour 1 000 000 de francs au compte « Matériel » deux machines identiques, l'une achetée 200 000 francs en 1919 et l'autre 800 000 francs en 1926, que de voir totaliser au passif deux emprunts obligataires, l'un de 5 000 000 de francs fait en 1914, l'autre de 20 000 000 de francs réalisé en 1926 ; ce dernier emprunt, qui au bilan paraît quatre fois plus important, n'a certes pas contribué à un développement quadruple de l'activité de la société.

Est-ce à dire que tous les chapitres du bilan devront être revisés et rétablis en francs stabilisés dans leur valeur originaire ? Devra-t-on, autrement dit, procéder simultanément à une valorisation des existences matérielles et à une revalorisation des créances et des dettes ? Cette dernière opération se présenterait évidemment sous le signe séduisant de l'équité, principalement pour les obligataires, dont le capital s'est amoindri parallèlement à la chute du franc-papier. Les sociétés, qui ont reçu des francs-or pourvus de leur valeur intégrale ou des francs relativement appréciés, devraient en toute justice rembourser à leurs prêteurs une quantité plus grande de francs stabilisés, puisque l'outillage et les installations acquises et créées grâce au produit des emprunts, ont conservé à peu près intacte leur valeur réelle. L'équité sans doute le voudrait ; mais on se trouve là, à quelques nuances près, devant les mêmes problèmes que pour la revalorisation des rentes d'État. La réalité des ravages exercés par l'inflation s'y oppose, et l'on ne peut, par une loi, comme par un coup de baguette magique, reconstituer l'énorme perte de substance que la guerre et l'après-guerre ont entraînée dans l'économie du pays tout entier. La France s'est appauvrie et cet appauvrissement s'est traduit pour les rentiers, les obligataires et tous les prêteurs de capitaux, par un amenuisement de leur créance. Les entreprises ont pu travailler et se libérer de leurs dettes, parce que celles-ci sont devenues, par la baisse du franc, chaque jour de moins en moins lourdes, et les revaloriser aurait pour résultat presque certain d'acculer à la faillite et à la ruine les sociétés les plus solides.

En Allemagne sans doute, les lois de valorisation (16 juillet 1925) ont restitué en principe aux porteurs d'obligations et de titres à revenu fixe, remboursés ou dépréciés, une fraction de 15 à 25 0/0 de la valeur-or de leur créance; mais la situation était là toute différente, puisque le mark-papier ne représentait plus rien. Cette valorisation corrigeait la plus profonde des iniquités, car la chute du mark équivalait pour les créanciers à une expropriation complète et définitive; valorisation partielle enfin, elle se révélait possible pour les sociétés, qui n'auraient pu évidemment rembourser en marks-or l'intégralité de leur passif. Si le franc lui aussi était tombé aux abîmes, une valorisation partielle des créances s'imposerait; mais il a, Dieu merci, conservé une fraction de sa valeur, et son redressement même doit indiquer la mesure de la revalorisation économiquement possible des rentes, des obligations et des créances.

Est-on bien sûr d'ailleurs que l'équité exigerait une pareille opération, fût-elle réalisable? Nous ne le pensons pas, car il ne faut pas oublier que la plupart des créances sont représentées par des titres négociables et transmissibles, et tel obligataire qui verrait son obligation valorisée, profiterait d'un enrichissement absolument injustifié, s'il l'avait acquise au moyen de francs dépréciés.

En résumé, la valorisation des créances à l'actif et des dettes au passif ne s'impose pas pour les sociétés (si la loi de stabilisation ne la prévoit pas expressément), à moins que celles-ci, animées d'un louable esprit de justice, ne décident de rembourser aux obligataires ayant conservé nominatifs leurs titres depuis l'émission, un supplément compensatoire, ne serait-ce qu'en partie, de la dépréciation du franc ou de la hausse du coût de la vie. Nous ne croyons pas, en le regrettant, qu'il y ait lieu d'examiner cette hypothèse.

Ayant ainsi éliminé la revision des créances et des dettes, nous avons écarté de la valorisation les postes du bilan qui constituent des actifs et des passifs monétaires, c'est-à-dire des francs à payer ou à recevoir ; ce sont bien en effet, comme nous l'avons vu en analysant le bilan d'une entreprise sous un régime d'instabilité monétaire, des postes variables, toujours exacts et sincères en droit, quelle que soit la valeur du franc qui les mesure. Pour mémoire, nous ajouterons, et ceci est évident, que les espèces en caisse n'ont pas à être valorisées, puisque ce sont des francs disponibles et que la stabilisation en fixera la valeur or.

La revision des bilans se trouve donc en définitive étroitement cantonnée aux rubriques de l'actif désignant des biens matériels ou immatériels, c'est-à-dire aux postes fixes qui, ayant groupé des contre-valeurs en francs-or et en francs-papier, n'expriment en aucune façon la valeur réelle et actuelle de ces biens : ce sont en première ligne les actifs immobilisés — immeubles, matériel, agencements, outillage, fonds de commerce, etc., — puis parmi les valeurs engagées et réalisables, les participations et les marchandises.

Quelle sera au passif la contre-partie de cette opération ? C'est ce que nous chercherons à déterminer, après avoir examiné au préalable la valorisation des actifs.

Section II. — LA VALORISATION DES ACTIFS

§ 1. — Les immobilisations.

Presque toutes les théories se rapportant à l'évaluation des immobilisations dans un bilan sont d'accord sur le principe de l'évaluation au prix de revient, complété par les deux règles suivantes :

1° Le prix de revient ne peut jamais être relevé quels que soient les événements ultérieurs [1];

2° Il doit être réduit toutes les fois que la valeur des immobilisations diminue ou qu'elle a été surestimée.

Ces règles ne sauraient évidemment interdire toute valorisation des actifs immobilisés, sous le prétexte qu'ils ont été inscrits au bilan pour leur prix de revient, et que ce prix de revient est resté immuable, en dépit des variations de l'unité monétaire. Si nous n'avions pas supposé la stabilisation légale un fait accompli, il y aurait certes là un obstacle à une majoration de la valeur des actifs immobilisés, puisque les variations du franc ne peuvent être légalement reconnues sous le régime du cours forcé; au contraire, en stabilisant la monnaie sur la base d'une nouvelle convertibilité or, le législateur reconnaît la dévaluation du franc et autorise par là-même une revision officielle de la valeur des biens.

Exprimer en francs stabilisés ou en la nouvelle unité monétaire le prix de revient des immobilisations, tel devra être le résultat de la valorisation, en conformité de la première règle énoncée ci-dessus. Ainsi se trouvent écartées les valorisations à la valeur normale, calculée sur un prix moyen supérieur au prix de revient, à la valeur actuelle qui ferait état des plus-values réelles, à la valeur de remplacement ou enfin à la valeur d'emploi qui tiendrait compte, pour un terrain par exemple, du prix que la société consentirait à en donner pour sa convenance, en sus de son prix courant.

Le point de départ de la valorisation sera donc le prix de revient, déterminé soit par les statuts de la société, s'il s'agit d'immobilisations entrées dans le patrimoine social par voie d'apports, soit par les contrats de vente ou tous autres contrats assimilables, tels ceux passés avec des entrepreneurs pour les immobilisations provenant de constructions ou d'agencements. Si

---

1. Charpentier, *op. cit.*, p. 89. — Code de Commerce allemand, § 261, n° 3. — Code fédéral suisse des obl., art. 656.

la société a procédé elle-même à ses installations, ou a immobilisé pour son propre usage des machines qu'elle a fabriquées, le prix de revient sera naturellement représenté par les dépenses qu'elle aura engagées pour ces installations ou ces machines.

Est-ce à dire par conséquent qu'il suffira de ramener en francs dévalués, au coefficient fixé par la stabilisation, le prix de revient de chaque immobilisation et de l'inscrire pour ce nouveau montant à l'actif de l'entreprise? Ce coefficient pourra-t-il être d'une application en quelque sorte unilinéaire pour les opérations de valorisation?

Le croire serait d'un raisonnement simpliste, qui négligerait la seconde règle fondamentale en matière d'évaluation : « Le prix de revient doit être réduit toutes les fois que la valeur des immobilisations diminue ou qu'elle est surestimée. » Chaque fois par conséquent que, par l'application du coefficient de dépréciation du franc, le prix de revient d'une immobilisation apparaîtra supérieur au prix actuel ou au prix courant, c'est ce dernier qui devra être adopté pour la valorisation.

Cette obligation de ne pas dépasser le prix actuel en la nouvelle monnaie constitue précisément la raison pour laquelle la formule du bilan en francs-or est un mythe trompeur; elle assigne en effet, ainsi que nous l'avons vu précédemment [1], une valeur-or invariable à des actifs que l'inflation a aussi sûrement dépréciés en valeur réelle, que le plus effroyable des cataclysmes. Conçue suivant les mêmes principes, la revision des bilans en francs stabilisés aboutirait aux mêmes résultats, et c'est pourquoi nous devons la rejeter pour tous les biens dont le prix ne s'est pas adapté à la dévaluation du franc-papier.

TERRAINS.

Les terrains servant à l'exploitation ne se déprécient pas habituellement par les services rendus et on les retrouve à l'actif

1. Cf. *supra*, p. 73.

représentés par le montant exact des capitaux engagés pour leur acquisition. Seules des circonstances exceptionnelles, entraînant une diminution de leur valeur réelle, tel que le déplacement dans un autre centre de l'activité industrielle ou économique, peuvent justifier la constitution d'une réserve pour moins-value. Mais il va de soi qu'en aucun cas, on ne doit faire état dans un bilan de l'accroissement de valeur dont ils ont pu bénéficier, à moins que cet accroissement n'ait été réalisé par une cession.

Depuis la guerre, nombre de terrains ont acquis une plus-value non seulement nominale, mais réelle, c'est-à-dire qu'ils ont haussé dans une proportion bien supérieure à la dépréciation de la monnaie légale. Les entreprises se sont multipliées, des sociétés ont été créées et dans la banlieue parisienne ainsi que dans certains centres, la propriété non bâtie a plus que décuplé de valeur de 1914 à 1926.

La valorisation devra-t-elle tenir compte de cette plus-value certaine, et la chiffrer par comparaison avec la valeur vénale de terrains voisins ou similaires? Non, car en opérant ainsi, on majorerait l'actif de la société d'une augmentation indépendante du fait monétaire, et on enfreindrait par suite la règle de l'évaluation au prix de revient. Pour ces terrains, par conséquent, on se contentera de multiplier simplement leur prix d'acquisition par l'indice de dépréciation de la monnaie, entre la date où leur prix aura été fixé et celui de la stabilisation légale.

Tous les terrains cependant ne se trouvent pas dans ce cas; il en est qui inversement ne se sont pas adaptés à la valeur réduite du franc-papier, principalement lors de sa chute brutale de 1925 à 1926. Tel qui, par exemple, aurait acquis un terrain en janvier 1925, au prix de 100 francs le mètre carré, se serait vu sans doute fort embarrassé de le revendre 150 francs en décembre de la même année, et ce bien que le dollar soit passé, entre les deux périodes envisagées, de 18 à 27 francs, traduisant une dépréciation du franc de 33 0/0 environ. La valeur intrinsèque de ces terrains a donc baissé en fait, si on la mesure en monnaie saine;

en affectant leur prix de revient du coefficient de dévaluation du franc stabilisé, on commettrait une majoration d'actif répréhensible, puisque cette opération ne tiendrait aucun compte des moins-values réelles dues à la baisse rapide de notre devise.

Dans ces conditions, il faudra inscrire au bilan revisé non pas le prix de revient de ces terrains en francs stabilisés, mais leur valeur actuelle, qui sera déterminée soit par comparaison avec le prix courant de terrains voisins, soit au moyen d'une expertise.

La valorisation des propriétés non bâties est en définitive assez délicate à réaliser et il faut éviter, d'une part, de faire état des plus-values, fussent-elles certaines et durables, et d'autre part, de se laisser entraîner à une surestimation qui nécessiterait un amortissement immédiat.

Pratiquement, le poste qui groupe au bilan les terrains dont l'entreprise est en possession devra être soigneusement dépouillé, et on mettra en parallèle, pour chacun d'eux, la valeur d'écritures figurant dans la comptabilité, la contre-valeur en francs stabilisés ou en la nouvelle monnaie créée, et enfin la valeur vénale ou prix courant au jour de la valorisation. De ces deux derniers montants, ce sera le moindre qu'il y aura lieu de retenir.

BATIMENTS.

Ce qui vient d'être dit pour les terrains s'applique identiquement à la propriété bâtie, c'est-à-dire aux usines, aux bâtiments industriels et aux maisons de rapport, qui constituent, pour les compagnies d'assurances principalement, des placements importants. A la différence des terrains toutefois, la hausse de leur valeur nominale n'a presque jamais compensé la baisse du franc [1], aussi l'application à leur prix d'achat du coefficient de dévaluation de la monnaie aboutirait-il à une majoration exagérée de leur valeur. Au coefficient 5 de stabilisation, correspondant au dollar à 25,91, il ne serait pas juste de valoriser à 5 000 000 de francs, un

---

1. Cf. note *supra,* p. 6.

immeuble inscrit pour 1 million de francs avant la guerre à l'actif de l'entreprise. Depuis 1914, en effet, les loyers n'ont pas été multipliés par 5 ; par suite, le rendement et parallèlement la valeur des immeubles sur le marché n'ont suivi que de loin la courbe ascendante des prix.

En conséquence, leur valorisation ne pourra être effectuée sur la base de leur prix de revient, mais sur celle de leur valeur vénale au jour de la revision du bilan. Or cette valeur vénale est, pour les bâtiments d'exploitation en particulier, peu aisée à déterminer ; il y aura donc lieu, si l'on veut obtenir une estimation aussi exacte que possible, de faire procéder par des architectes, à une expertise susceptible de présenter au moins autant de garanties que les rapports des commissaires aux apports, à la constitution de la société.

Une expertise impliquant une évaluation des immeubles à la valeur actuelle, en leur état de dépréciation et de vétusté, les amortissements pratiqués deviendront caducs, et s'ils ont fait l'objet au passif d'un compte spécial, cette façon de procéder aura pour conséquence de libérer la partie du compte « Amortissements » afférente aux immeubles de l'entreprise. S'ils ont été directement déduits des postes de l'actif, l'écart nominal entre la valeur comptable des immeubles et leur valeur nouvelle en francs stabilisés, se trouvera simplement accru de leur montant.

AGENCEMENTS.

Les agencements et installations fixes, tentures, rayonnages, chauffage central, électricité, gaz, eau, etc., et en général toutes les choses que l'on ne peut emporter, et dont la réadaptation coûterait plus cher qu'elles ne valent, peuvent être comprises dans l'estimation faite des bâtiments d'exploitation et des usines. Dans ces conditions, les dépenses engagées pour ces agencements et ces installations ne feront plus à l'actif l'objet d'un chapitre distinct.

Si l'on désirait, au contraire, les maintenir en clair au bilan, il serait préférable d'en faire dresser par un expert un état estimatif distinct de celui des immeubles, plutôt que d'en opérer la valorisation, par l'application à chacune des dépenses, du coefficient de dévaluation du franc; cette dernière solution, en effet, nécessiterait un travail compliqué de dépouillement des mémoires et des prix traités, et de plus elle risquerait de se traduire par une surestimation, pour le cas où le coût des travaux n'aurait pas haussé en proportion de la baisse du franc. Il conviendra d'ailleurs, dans cette hypothèse d'une valorisation mathématique, de négliger les agencements complètement amortis [1]. Si l'on voulait cependant en faire apparaître la totalité à l'actif, il suffirait de valoriser les amortissements correspondants, suivant les mêmes bases, et d'en inscrire le montant au passif du bilan revisé.

MATÉRIEL ET OUTILLAGE.

Le matériel et l'outillage ont dans l'industrie une importance considérable, car ils constituent un des principaux éléments de la production. Ils doivent non seulement être entretenus et amortis régulièrement chaque année, mais encore recevoir toutes les améliorations nécessitées par les progrès de la science. Un nouvel outillage vieillit vite, du moins dans certaines industries, et il arrive même qu'une machine à peine installée, de nouvelles dispositions la rendent insuffisante.

Au jour de la valorisation, le poste « Matériel et Outillage », s'il n'a pas été réduit des amortissements pratiqués, totalisera toute une série d'acquisitions effectuées à des dates différentes, en francs-or et en francs-papier, depuis la fondation de l'entreprise. Il conviendra par conséquent d'en opérer le dépouillement et de réévaluer ces acquisitions en la nouvelle monnaie, sur la base de leur prix de revient. Ce prix qui devra être augmenté du coût des

---

1. L'amortissement des agencements varie suivant les circonstances, notamment suivant la durée du bail, lorsqu'il s'agit d'un immeuble loué; autrement, cinq ans est un délai communément adopté. — Charpentier, *op. cit.*, p. 157. — Deschamps, *Des Vérifications et des Expertises en comptabilité*, 4e éd., p. 73. Vitte, Paris, 1921.

améliorations, venues accroître soit le rendement, soit la durée du matériel, exclura bien entendu toutes les dépenses d'entretien qui auraient été portées en augmentation de l'actif « Matériel et Outillage », au lieu d'être imputées directement aux frais généraux pour leur totalité.

Si les amortissements ont été pratiqués à l'intérieur des postes de l'actif, le travail de conversion restera le même ; il suffira simplement de dégager ces amortissements, afin de laisser apparaître à l'actif le total des chiffres à reviser.

Cette revision achevée, il faudra calculer en la nouvelle monnaie tous les amortissements utiles, pour ramener à leur valeur réelle les machines et le matériel. Si l'on évalue, par exemple, à 1/10ᵉ par an pour le matériel fixe et à 1/20ᵉ par an pour le matériel roulant, la dépréciation qu'ils subissent dans le temps, on amortira immédiatement tout le matériel fixe antérieur à dix années et tout le matériel roulant en service depuis plus de cinq ans ; sur les éléments qui subsisteront, on calculera les amortissements au prorata du temps écoulé depuis leur mise en œuvre dans la société jusqu'au jour de la valorisation, ceci indépendamment des amortissements exceptionnels qui apparaîtraient nécessaires, tel celui d'une machine démodée à la suite d'une découverte récente, ou ne pouvant plus rendre les services auxquels elle était destinée, en raison de modifications apportées dans les fabrications.

Les immobilisations que nous venons d'examiner représentent l'actif corporel du bilan, c'est-à-dire les biens matériels servant à l'exploitation, et dont la réalité peut être constatée, en dehors de la comptabilité, par un inventaire quantitatif. Ce ne sont pas là toutefois toutes les immobilisations, et la plupart des entreprises possèdent des moyens d'action qui, sans être des objets matériels, n'en constituent pas moins des actifs importants, dont la valeur ne saurait être négligée dans un bilan sincère ; parmi ces éléments se placent en première ligne les fonds de commerce, dont l'acquisition parfois a nécessité une grosse mise de capitaux, puis les brevets, les licences, les marques de fabrique et tous les droits conférés à l'entreprise en vue de son exploitation. De même, sont comprises dans l'actif incorporel certaines dépenses non renouvelables, tels les frais de premier établissement, les frais de constitution des sociétés, les frais d'émission, etc., et ce, bien qu'elles ne laissent entre les mains de l'entrepreneur aucune valeur réalisable.

La valorisation des actifs immobilisés ne devra pas passer sous silence ces différents postes, mais rechercher pour chacun d'eux une estimation prudente et appropriée à leur nature. En ne perdant pas de vue que l'apurement des comptes de l'actif doit conduire à l'établissement d'un bilan sincère, exempt de majoration, on évitera, d'une part, de faire revivre les postes régulièrement amortis, et, d'autre part, de maintenir à l'actif des éléments sans valeur réelle, tels les frais de premier établissement. Le bilan de stabilisation, en effet, doit être un bilan d'ouverture, et son but final sera, comme nous le verrons plus loin, de déterminer en la nouvelle monnaie le montant exact du capital sur lequel l'entreprise pourra compter, lorsque la sécurité monétaire lui aura été rendue.

Fonds de commerce.

Le fonds de commerce ou d'industrie, qui comprend l'achalandage ou clientèle et parfois le droit au bail, ne doit figurer à l'actif, s'il a une valeur reconnue, que pour sa valeur d'achat ou d'apport, ce qui exclut toute majoration, fût-ce pour plus-value certaine. D'après la jurisprudence, il doit, même dans le silence des statuts, être amorti sur une période assez courte.

Sans doute la valeur du fonds, si la clientèle n'a pas diminué, ne se trouve pas en fait dépréciée, et il ne s'agit pas là d'un amortissement au sens propre du mot, mais plutôt d'une constitution de réserve; c'est d'ailleurs la raison pour laquelle le fisc n'admet pas, en règle générale, que l'amortissement vienne réduire le bénéfice soumis à l'impôt cédulaire sur les bénéfices industriels et commerciaux.

Dans la plupart des sociétés par actions, sauf celles de constitution très récente, le fonds de commerce ne figure plus au bilan que pour un franc, et souvent, il n'y apparaît même pas, ne fût-ce que pour mémoire. Devra-t-on, dans ces conditions, le faire revivre à l'actif et lui assigner une valeur en francs stabilisés?

S'il s'agissait de dresser un bilan de liquidation, il serait évident que cet élément, dans nombre d'entreprises, ne pourrait être négligé, car le fonds de commerce représente souvent une part importante de la fortune sociale. La valorisation a un autre but, celui de rétablir dans son équilibre le bilan faussé par les fluctuations de la monnaie. Sans doute doit-elle aussi, par répercussion, permettre une évaluation plus exacte du droit des actionnaires dans l'actif social, et éviter le retour des injustices dues à l'instabilité monétaire. Ne serait-il pas à craindre, par conséquent, qu'en omettant à l'actif la valeur du fonds de commerce, on rende possible une sous-estimation des titres des sociétés, préjudiciable aux actionnaires au même titre que la sous-évaluation des immeubles, des machines et de tous les biens matériels de l'entreprise?

Répondre par l'affirmative serait croire que la valeur théorique d'une action peut en fixer le prix d'une façon immuable; ce serait ignorer que les capitalistes offrent, pour la possession d'un titre, une somme plus ou moins grande, suivant les possibilités d'avenir de l'entreprise, la confiance que leur inspirent les membres du Conseil et la direction, et surtout, en période normale, le rendement du titre considéré. Or la valeur d'un fonds de commerce est fonction de tous ces éléments, et par conséquent elle ne saurait sans arbitraire être chiffrée à l'actif du bilan, sous le couvert de la valorisation. Non seulement cette opération serait inutile pour le marché des titres, mais en outre elle présenterait de graves inconvénients, en permettant aux dirigeants des sociétés les évaluations les plus fantaisistes et le « mouillage » du capital social, en vue de spéculations répréhensibles.

Nous n'avons pas voulu démontrer, par ce qui précède, que la valeur d'un fonds de commerce ne devait pas apparaître au bilan, mais simplement qu'il n'y avait pas lieu de la faire revivre si elle était amortie. Il reste donc maintenant à envisager le cas où le poste « Fonds de commerce » s'est trouvé maintenu à l'actif du bilan, jusqu'au jour de la valorisation, pour sa valeur d'achat ou sa valeur d'apport.

Ceci se présentera surtout dans les sociétés de personnes, en raison de la répercussion qu'un amortissement du fonds de commerce aurait pu avoir sur la répartition des bénéfices et des pertes entre les associés, lorsque ceux-ci ne participent pas aux pertes dans la même proportion qu'ils participent aux bénéfices. Dans ce cas, la valorisation du fonds de commerce devra procéder des mêmes méthodes que celles suivies pour l'évaluation originaire ; si celle-ci a été déterminée d'un commun accord entre les associés, sur la base du revenu net moyen des dernières années, la valorisation pourra être effectuée suivant les mêmes principes.

S'il s'agit d'une société de personnes ou par actions, de constitution très récente, dont le fonds de commerce pour ce motif ne se trouve pas encore amorti, la valorisation n'aura guère à en modifier la valeur ; l'amortissement d'un fonds, en effet, ne devant pas dépasser trois années ou cinq au plus, les variations du franc dans cet intervalle seront fort probablement demeurées sans influence sur la valeur nominale du fonds de commerce. Il sera donc préférable de le maintenir pour un même montant à l'actif, plutôt que d'en opérer une réévaluation mathématique plus ou moins arbitraire.

En cette matière, on le voit, il est difficile d'édicter des règles précises, car tout dépendra des circonstances de la stabilisation monétaire, et des raisons pour lesquelles le fonds de commerce sera resté inscrit au bilan. Il se peut ainsi qu'un fonds acquis pendant l'inflation ressorte en francs stabilisés à un prix exagéré, si le franc a subi une revalorisation préalable importante ; dans ces conditions, un amortissement immédiat sera nécessaire pour le ramener, dans le bilan revisé, à sa valeur réelle en la nouvelle monnaie.

D'autres fois, il conviendra de le réévaluer, soit par une conversion des francs-or en francs stabilisés, soit par comparaison avec le fonds d'entreprises similaires, soit sur la base du revenu moyen des dernières années. Souvent enfin, il pourra être maintenu sans modification à l'actif du bilan.

FRAIS DE PREMIER ÉTABLISSEMENT.

Certains bilans comprennent, sous le nom de « Frais de premier établissement », des dépenses de nature diverse que les sociétés ont dû engager lors de leur formation, mais qui ne représentent aucune valeur réalisable, ni même aucune valeur d'emploi. Tels sont les frais de constitution (frais d'actes, d'enregistrement, de timbre), les frais d'émission (impression des titres, commissions allouées aux banquiers), les frais de première publicité, de création de succursales, etc.... Toutes ces dépenses nécessaires sont en réalité des frais généraux, et ils devraient être passés immédiatement par Profits et Pertes.

Si la pratique, d'accord avec la jurisprudence, a admis leur inscription à l'actif, c'est qu'il n'aurait pas été possible aux entreprises naissantes de les couvrir en une seule fois, lors du premier exercice qui généralement ne réalise pas de bénéfice; dès la création des sociétés par conséquent, ces dépenses, parfois importantes, auraient profondément entamé le capital social et empêché de longtemps la distribution de dividendes. En les comptabilisant à l'actif, on peut en répartir la charge sur plusieurs exercices, sans pour cela les mettre en perte. Ces frais d'ailleurs ne sont pas habituellement renouvelables, si ce n'est en cas d'augmentation de capital ou d'émission d'obligations, et ils profitent réellement aux exercices qui suivent celui au cours duquel ils ont été engagés.

On les amortit communément en trois ans, et le fisc lui-même en admet l'amortissement intégral en une seule année. C'est dire par conséquent que la stabilisation ne trouvera à l'actif des entreprises que des frais de premier établissement comptabilisés récemment, et que par suite la valorisation n'aura pas à en modifier le montant. Nous pensons même que l'on pourrait sans inconvénient, en raison du caractère fictif de cet actif, le faire disparaître complètement du bilan, et profiter ainsi de sa revision pour amortir complètement les frais de premier établissement. La valorisation en effet, si elle doit aboutir, comme nous le verrons plus loin, à une réévaluation en la nouvelle monnaie du capital des entreprises, n'a pas à tenir compte d'éléments fictifs appelés à être amortis rapidement, mais simplement à dresser un inventaire aussi exact que possible des moyens d'action de ces entreprises.

CONCESSIONS, BREVETS, LICENCES ET MARQUES.

Inscrits à l'actif pour leur prix de revient ou leur valeur d'apport, les concessions, les brevets, les licences et les marques, ne sont pas plus que le fonds de commerce, représentés par des choses matérielles, et il importe comme lui de les amortir. Si la concession ou le brevet ne confère qu'un droit temporaire, la durée prévue indique le taux de l'amortissement à pratiquer; les licences et les marques d'autre part, étant généralement attachées à l'établissement, on les amortit le plus souvent en même temps que le fonds de commerce.

Dans la plupart des sociétés de constitution déjà ancienne, ces éléments d'actif se trouveront donc amortis au jour de la valorisation. Il y aurait lieu, dans le cas contraire, de procéder à une conversion en la nouvelle monnaie de leur valeur originaire, par application à cette valeur du coefficient de dépréciation ou d'appréciation du franc, entre la date d'entrée de ces actifs dans le patrimoine social et celle de la stabilisation légale. Il conviendrait bien entendu, dans ce cas, de tenir compte des amortissements déjà effectués et de les valoriser également.

§ 2. — **Actifs engagés et valeurs réalisables.**

Si les immobilisations ont été, dans le bilan, les premières atteintes par la dépréciation de la monnaie, c'est en raison de leur permanence dans l'entreprise, et par suite, de leur maintien à l'actif en francs-or ou en francs plus ou moins appréciés, au milieu d'éléments qui, se renouvelant sans cesse, grossissaient en valeur nominale au fur et à mesure de la baisse du franc. Avec l'inflation et la hausse des prix, les stocks de marchandises, les débiteurs, les espèces en caisse, se trouvaient multipliés à l'actif, tandis que les immeubles, l'outillage, les agencements, restaient inscrits pour un montant immuable, celui de leur entrée dans le patrimoine de l'entreprise.

Ces actifs immobilisés, par conséquent, sont apparus comme l'objet principal de la valorisation, l'élément de déséquilibre qu'il fallait absolument redresser, pour rendre aux bilans leur harmonie détruite par l'inflation.

Ce ne sont pas là toutefois les seuls postes touchés par l'instabilité monétaire, et, à côté d'eux, les bilans comprennent parfois des actifs engagés, comme les participations, ou même simplement réalisables, comme les marchandises, dont la réévaluation peut s'imposer le jour de la stabilisation, au même titre que celle des immeubles et du matériel. Tout cela dépendra de l'importance des variations subies par le franc, entre la date d'enregistrement de ces actifs dans la comptabilité de l'entreprise et celle de la stabilisation légale.

Seront, en d'autres termes, susceptibles de valorisation tous les postes représentant des biens ayant une valeur propre, indépendante de l'unité qui les mesure, c'est-à-dire tous les postes du bilan, à l'exception des actifs purement monétaires : cautionnements, débiteurs, effets à recevoir, espèces en caisse ou dans les banques. Dans quelle mesure et comment devront-ils être réévalués en la nouvelle monnaie, c'est ce que nous allons examiner.

Actifs engagés.

Les comptes des valeurs engagées comprennent celles qui ne sont pas immédiatement réalisables, parce qu'elles sont engagées dans des opérations actuellement en cours [1].

Parmi ces valeurs se rangent les cautionnements, les commandites et les participations industrielles ou commerciales, les biens donnés en nantissement et les marchandises warrantées.

On voit tout de suite qu'au point de vue monétaire, toutes ne sont pas de même nature, et que certaines ne peuvent faire l'objet d'une réévaluation, puisqu'elles ne valent que ce que vaut le franc qui les mesure. Un cautionnement de 10 000 francs, même s'il a été versé en francs-or, ne sera remboursable que par 10 000 francs-papier, quelle que soit la dépréciation de celui-ci; de même, le montant d'une participation, si elle est représentée par des obligations, une ouverture de crédit ou une avance en compte-courant, ne saurait être modifiée au bilan malgré les fluctuations de la monnaie légale, puisque le cours forcé interdit de faire état de ces fluctuations.

Si l'on excepte ainsi des valeurs engagées les actifs monétaires, il reste, susceptibles de valorisation, les participations représentées par des actions, les objets donnés en nantissement et les marchandises warrantées.

PARTICIPATIONS.

Le compte « Participations » présente un intérêt considérable, en raison des fraudes importantes qu'il peut dissimuler; aussi doit-il être, lors de la revision du bilan, réévalué avec prudence, sans majoration, comme aussi sans sous-estimation propre à cacher aux actionnaires et aux tiers le montant réel des capitaux engagés dans d'autres affaires par l'entreprise.

1. Charpentier, *op. cit.*, p. 186.

Les actions remises en représentation des participations sont généralement évaluées dans les bilans à leur prix de revient; lorsqu'elles sont cotées, on les estime au cours du jour, si, à la clôture de l'exercice, ce cours est inférieur au prix de revient. S'il est supérieur, la pratique interdit d'en tenir compte, puisque cette plus-value, avant d'être réalisée, ne constitue qu'un bénéfice aléatoire.

Adopter le cours de ces titres au jour de la valorisation serait continuer les errements de la période d'instabilité monétaire, puisqu'une estimation raisonnée ne peut résulter pour eux que d'une valorisation préalable de l'actif dont ils représentent une quote-part. Il conviendra donc de retenir pour ces titres une valeur raisonnée, déterminée d'après la même méthode que celle adoptée pour des actions non cotées.

Dans beaucoup de cas d'ailleurs, les participations sont représentées par des titres non cotés, et leur évaluation est basée sur la situation véritable de l'entreprise, qui doit être bien connue de la société qui l'a financée. Or cette situation en réalité ne peut que ressortir du bilan de l'entreprise filiale, et par suite la valorisation de ce bilan sera indispensable, si l'on veut connaître la valeur de la participation correspondante.

Ce sera à la société mère d'exiger de ses filiales cette valorisation, si l'autorité publique ne l'impose pas à toutes les entreprises industrielles et commerciales, lors de la réforme monétaire.

Si, par impossible, une société se trouvait amenée à reviser la valeur de ses participations-actions, sans avoir pu, au préalable, obtenir la valorisation de leur bilan, la règle de l'évaluation au prix de revient devrait être écartée; qu'on l'envisage en effet, suivant les deux points de vue les plus opposés, maintien du prix d'acquisition enregistré en comptabilité, ou conversion de ce prix en francs stabilisés, on aboutit à une évaluation arbitraire, puisqu'une action de 100 francs-or vaut certainement plus de 100 francs stabilisés au coefficient 5, mais ne représente pas forcément 500 de ces nouveaux francs.

A défaut de bilans sincères, l'évaluation des participations devra être effectuée, soit au cours moyen du dernier mois, ou d'une période plus longue, moins sujette aux majorations par hausse spéculative que le cours du jour, s'il s'agit de titres cotés, soit d'après la prospérité de l'entreprise et son rendement, si les titres ne font pas l'objet de transactions sur le marché. Ce ne sont là d'ailleurs que des indications et il est difficile de fixer, d'une manière précise, comment doit être évaluée une participation financière. Tout ce que l'on peut dire, c'est qu'il convient de veiller à ce que l'évaluation soit prudente, et qu'elle ne pêche pas inversement par excès d'atténuation.

Valeurs réalisables.

Marchandises.

De tous les procédés préconisés pour l'évaluation des marchandises à l'inventaire, prix de revient, cours du jour, prix le plus bas, prix d'achat actuel, prix de vente, celui du prix de revient est sans conteste le plus correct, puisque lui seul permet de dégager le bénéfice produit par les ventes réalisées pendant un exercice. Ceci est vrai, aussi bien pour les matières premières et les approvisionnements qui servent à la fabrication, que pour les produits finis et les objets prêts à la vente.

En évaluant les marchandises au cours du jour ou à un autre prix que le prix de revient, on incorpore dans le résultat de l'exercice, s'il y a hausse, un bénéfice hypothétique qui pourra ne pas se réaliser, ou même se transformer en perte, en cas de baisse des cours.

On admet néanmoins et on recommande même dans la pratique l'adoption du cours du jour, s'il est inférieur au prix de revient; cette façon de procéder sans doute, peut donner lieu à la critique, si l'on considère qu'elle prive l'exercice d'une partie de ses bénéfices, mais elle dénote en réalité une gestion saine et prudente, car le devoir de l'entrepreneur est non seulement de constater, mais encore de prévoir les résultats de son exploitation. En évaluant ses stocks au cours du jour, s'il y a baisse, il atténuera les conséquences de cette baisse pour les exercices à venir. Dans ce cas toutefois, il est préférable, pour la présentation du bilan, de laisser les marchandises figurer à l'actif pour leur prix de revient, et d'ouvrir au passif un compte de provision pour baisse des cours, plutôt que d'inscrire directement à l'actif les marchandises au cours du jour.

Ces règles excellentes en période normale, lorsque les marchandises subissent des alternatives de hausse et de baisse, passagères et de peu d'ampleur, ne sauraient être appliquées avec autant de rigueur lors de la revision du bilan. La valorisation, en effet, ne doit pas aboutir à la constatation d'un bénéfice ou d'une plus-value, mais à l'évaluation d'un capital en monnaie saine. Si l'instabilité des changes, par conséquent, a entraîné une perturbation profonde dans le prix des marchandises, aucune raison ne s'oppose à ce qu'il en soit tenu compte pour l'évaluation de ce capital.

En Belgique, où la stabilisation est intervenue fin 1926, à un taux sensiblement inférieur à la valeur du franc en 1925, la valorisation des stocks a été reconnue nécessaire, et le fisc lui-même a exonéré de l'impôt, sous certaines conditions, les plus-values comprises dans les bilans de réadaptation, sur approvisionnements, matières brutes ou en fabrication et produits fabriqués.

La valorisation des stocks en France dépendra des circonstances de la stabilisation légale; si on la décrète après une longue période de stabilité de fait, le prix de revient pourra être maintenu sans inconvénient pour les stocks récents, sauf bien entendu à être déprécié, au cas où la valeur d'achat actuelle apparaîtrait inférieure à ce prix de revient. Si, inversement, cette valeur actuelle est supérieure au prix de revient, soit parce que les stocks ont été constitués depuis longtemps, soit parce qu'une étape de baisse du franc a précédé la stabilisation, c'est elle que l'on devra inscrire à l'actif du bilan revisé.

En négligeant de valoriser les postes « Matières » et « Marchandises », qui constituent souvent toute la fortune des entreprises, on ne présenterait qu'un bilan incomplet, et le but de la valorisation ne serait pas atteint.

Section III. — LA CONTRE-PARTIE AU PASSIF
DE LA PLUS-VALUE DES ACTIFS

Ayant opéré tous les rajustements utiles à l'actif du bilan, nous en avons détruit la balance et nous nous trouvons devant une plus-value apparente de l'actif, dont il va falloir régler le sort. Dans ce but, nous chercherons à analyser la nature de cette plus-value, en examinant successivement les différentes hypothèses qui se présentent.

§ 1. — Inscription de la plus-value au compte
de Profits et Pertes.

Réfutation de la théorie définissant le bénéfice tout excédent de l'actif sur le passif.

Cette plus-value constitue-t-elle un bénéfice, et la société sera-t-elle en droit de la distribuer à ses actionnaires? Le bénéfice n'est-il pas, en effet, suivant une définition habituellement adoptée, l'excédent de l'actif sur le passif tel qu'il résulte de l'inventaire, et le système dit de la plus-value [1] n'a-t-il pas posé en principe que tout excédent d'actif, même non réalisé, constituait un bénéfice distribuable, à condition d'être constaté avec assez de certitude. Les praticiens, d'ailleurs, ne maintiennent pas avec une grande rigueur la règle de l'inscription des valeurs à l'actif à leur prix de revient, et ils admettent facilement que les valeurs de Bourse et les marchandises cotées soient portées au bilan à leur

1. Charpentier, *op. cit.*, p. 352.

valeur actuelle[1]. Cette solution enfin n'est que l'aboutissement logique du système d'évaluation à leur valeur marchande, des éléments actifs de l'entreprise, tel qu'il a été énoncé par divers auteurs :

« Juridiquement, la seule solution exacte est celle d'après laquelle tous les éléments de l'actif doivent être estimés d'après leur valeur au jour de l'inventaire... Il serait inadmissible que les objets composant l'actif dussent être estimés, non d'après leur prix d'origine, ou d'après leur valeur actuelle, mais d'après la plus faible de ces deux sommes... On interdirait ainsi la distribution de bénéfices réels, puisque les bénéfices réels sont constitués par l'excédent de la valeur de l'actif sur l'ensemble du passif[2]... »

Ce système doit être écarté, parce qu'il commet une erreur de principe en estimant au prix courant des éléments d'actif qui ont pour la société une valeur d'emploi, et parce qu'il autorise précisément la distribution d'un dividende sur la simple constatation d'une plus-value. Les immobilisations, en particulier, sont engagées dans l'entreprise à titre permanent et ne sont destinées à être réalisées que lors de l'expiration ou de la dissolution de la société. Les plus-values par conséquent, acquises au cours de la société, ne sauraient entrer en ligne de compte pour la fixation du montant des bénéfices. C'est ce qui a été décidé notamment par un arrêt de la Cour de Paris du 16 avril 1870, d'après lequel une simple majoration ou plus-value des immeubles sociaux, ne peut être inscrite à titre de bénéfice au crédit du compte de Profits et Pertes. La plupart des auteurs enfin, pour éviter précisément cette inscription, enseignent que les immobilisations doivent toujours figurer à l'actif au prix de revient, quelle que soit la plus-value qu'elles ont pu acquérir[3].

1. L'arrêt d'Erlanger (Paris, 18 mars 1887) (*Revue des Sociétés*, 87, p. 195) admet formellement le système de la cotation des titres au cours actuel.

2. Wahl, note S. 1901, II, 297. — Charpentier, *op. cit.*, p. 80.

3. Thaller, *Traité élémentaire de Droit Commercial*, p. 145. Rousseau, Paris, 1916. — Charpentier, *op. cit.*, p. 89. — Quesnot, *Administration financière*, p. 241. Dunod, Paris, 1927. — Deschamps, *op. cit.*, p. 71. — Leautey et Guilbaut, *Principes généraux de compta-*

Si l'on revient maintenant à la valorisation des bilans, la
question se pose différemment puisqu'il ne s'agit plus là de la
constatation d'une plus-value, mais de la réévaluation, en une
nouvelle monnaie, d'actifs comptabilisés en francs d'avant-guerre
ou en francs plus ou moins dépréciés, cette réévaluation ayant
justement pour but de ramener ces actifs à leur prix de revient
réel, exprimé en la nouvelle monnaie. D'après ce qui précède,
on peut conclure que l'excédent d'actif, dégagé par la valorisation,
ne saurait être inscrit au crédit du compte de Profits et Pertes.
Ce qui est interdit pour une plus-value réelle pouvant résulter
soit de l'augmentation générale de la valeur des immeubles, soit
de la création d'une voie ferrée ou du percement d'une rue, ne
saurait encore moins être autorisé, lorsqu'il s'agit d'une plus-value
purement nominale, qui n'est que le corollaire de la baisse du
franc.

Fictivité des dividendes basés sur les plus-values de l'actif.

Les administrateurs qui procéderaient à une répartition des
plus-values de l'actif, commettraient-ils le délit de distribution de
dividendes fictifs, et s'exposeraient-ils aux sanctions pénales
prévues par l'article 15 de la loi du 24 juillet 1867? M. Houpin
écrit à ce sujet, traitant des plus-values acquises par les immobilisations au cours de la société[1] : « La répartition de tout ou partie
de ces plus-values constituerait la distribution de dividendes fictifs
et serait de nature à justifier les poursuites civiles et pénales. »
Nous ne pensons pas qu'il faille juger une semblable répartition
avec tant de rigueur, d'autant plus que dans l'hypothèse où nous
nous plaçons, un des éléments constitutifs du délit, la mauvaise
foi, est naturellement exclue. Il pourrait toutefois y avoir là une
faute grave de gestion, qui serait susceptible d'engager la responsabilité civile des administrateurs. C'est donc l'étude de la fictivité

bilité, pp. 201 et 207. Berger-Levrault, Paris, 1903. — Verley, *Le Bilan dans les sociétés
anonymes*, p. 126. — Rousseau, *Sociétés par actions. Inventaires et bilans*, n° 22. —
Croizé, *De l'inventaire commercial*, 4ᵉ édition, p. 109.

1. *Journal des Sociétés*, 1923, pp. 481 et suivantes.

du dividende qui doit retenir notre attention, et, plus spécialement, à supposer que tout excédent d'actif constitue un bénéfice, le point de savoir si, dans tous les cas, ce bénéfice pourrait sans inconvénient être distribué aux actionnaires?

Atteinte à l'intégralité du capital et réalisation prochaine des bénéfices.

Il faut tout d'abord remarquer que d'après la formule communément admise, seul constitue un dividende fictif celui qui aurait pour résultat de porter atteinte à l'intégralité du capital. Dans ces conditions, tout excédent de l'actif sur le passif, même provenant d'une valorisation, pourrait être distribué aux actionnaires, si les disponibilités le permettaient, puisque le montant du capital ne se trouverait en rien entamé par cette distribution. Mais à la première formule, on a ajouté qu'il fallait que la réalisation des bénéfices soit prochaine et certaine, et la Cour de Cassation a posé le principe d'après lequel on ne peut faire état, dans le calcul des bénéfices à répartir, d'opérations non réalisées. M. Barrault voit une opposition entre ces deux formules[1], puisque la distribution d'une plus-value, même non réalisée, ne diminuerait pas au bilan le montant du capital. Il déclare qu'une confusion a été commise entre la notion de capital et les disponibilités en caisse, confusion qui apparaît pleinement dans l'exposé des motifs de la loi de 1863 où il est dit : « Si l'on fait la répartition des bénéfices avant qu'ils soient effectivement réalisés, avant que la caisse sociale ait reçu les sommes qui en sont la représentation, c'est sur le capital social qu'est pris ce qui est donné aux actionnaires sous le nom de dividendes. »

Il y a certes là une obscurité dans la pensée du Rapporteur de la loi de 1863, et cette obscurité est due, sans aucun doute, à une méconnaissance presque complète du mécanisme de la comptabilité des entreprises. Cette méconnaissance a pu laisser croire

---

1. *Recueil juridique des sociétés*, 1924, p. 65.

qu'il y avait une correspondance entre les espèces en caisse et les bénéfices, alors qu'en réalité la trésorerie est sans relation nécessaire avec ces derniers. On sait en effet que dans la majorité des entreprises, les bénéfices liquides se trouvent jetés dans la circulation et remployés en marchandises ou en immobilisations. Il ne suffirait donc pas pour justifier la distribution d'un dividende, de la présence de disponibilités pour en assurer le paiement, d'autant plus qu'entre la date de clôture de l'exercice et le paiement du dividende, les espèces disponibles ont pu être immobilisées, ou même perdues, par suite de circonstances indépendantes de la société, telle la faillite de la banque où elles étaient en dépôt.

On ne peut toutefois conclure de cette confusion commise par certains auteurs, peu versés dans la science des comptes, et même par certaines décisions de jurisprudence, qu'il y a une opposition entre la formule de l'intégralité du capital et celle de la réalisation prochaine et certaine des bénéfices. Elles se complètent au contraire, puisque la seconde vient préciser que l'atteinte au capital ne se produira que si l'on distribue des bénéfices, dont la réalisation n'est ni certaine ni prochaine, c'est-à-dire des bénéfices escomptés sur des opérations non encore réalisées. Interdire l'atteinte au capital n'était pas suffisant, car on aurait de cette façon permis la distribution d'une plus-value simplement constatée. C'est ainsi d'ailleurs que M. Barrault, en se limitant à la formule de l'atteinte au capital, aboutit à cette conclusion : « Au point de vue de la notion de fictivité du bénéfice, si le sens de la jurisprudence est réellement l'exigence d'une atteinte au capital, notre analyse fait apparaître que cette atteinte ne sera réalisée qu'à la limite des plus-values de l'actif. »

Les bénéfices résultent de l'exploitation et des opérations réalisées.

La conclusion ci-dessus doit être écartée, et, pour démontrer l'impossibilité qu'il y a de distribuer une plus-value d'actif, il faut s'attacher à dégager les véritables caractères du bénéfice. Le bénéfice tout d'abord n'est pas, comme on le dit communément, l'excédent de l'actif sur le passif; il se trouve simplement vérifié par cet excédent, ce qui est différent. Le bénéfice ne résulte pas du bilan, mais des comptes d'exploitation et de résultats de l'entreprise. On pourrait même très bien concevoir la détermination des bénéfices sans l'établissement d'un bilan. Une industrie fabrique pour vendre, une maison de commerce achète pour revendre, l'une et l'autre acquittent ou engagent des frais généraux; l'enregistrement de ces faits économiques, y compris l'usure des immeubles et des machines, constatée par les amortissements, renseignera suffisamment sur les bénéfices ou les pertes de l'entreprise.

Le bilan, en montrant sa situation active et passive, ne viendra que contrôler et démontrer, par les variations de ses postes, les résultats annoncés. Mais tout ce qui ne pourra entrer dans un compte d'exploitation ou de résultats, par un mouvement effectif de valeurs, restera sans influence sur les profits de l'entreprise; si une moins-value constatée sur un actif immobilisé, comme un terrain, ou réalisable comme des valeurs de Bourse, sera de nature à justifier, par mesure de prudence, une réduction des bénéfices distribuables, par contre une plus-value ne pourra en aucune façon augmenter ces bénéfices. Seule, sa réalisation par une vente, transformant effectivement un actif, immeuble par exemple, en un actif réalisable : créance, ou disponible : espèces en caisse, supérieur à l'actif primitif, aura pour résultat de créer un profit distribuable. Non seulement la plus-value simplement constatée d'une immobilisation, ne pourra constituer un bénéfice, mais encore la plus-value d'une marchandise, destinée à être vendue, ne pourra elle-même être considérée comme un profit. Le bilan sans doute doit indiquer la situation exacte de l'entreprise, mais cela n'exclut pas l'inscription des éléments de l'actif à leur prix de revient. Le passif indique la source des capitaux, dont on retrouve l'emploi à l'actif; le poste « Marchandises » ne doit pas indiquer que la société possède des marchandises qui valent x francs à la clôture de l'exercice, mais que la société *a utilisé x* francs à la constitution d'un stock. Le bilan n'en est pas moins sincère; il l'est plus au contraire, car il montre le rendement exact de l'entreprise. Or une entreprise ne vaut pas tant par la valeur de son actif, que par le rendement qu'elle est apte à réaliser. Si l'on adoptait l'inscription des marchandises ou des titres au cours du jour, on distribuerait un bénéfice qui peut-être ne se réalisera jamais, les marchandises pouvant n'être jamais vendues à ce prix, et les titres pouvant être liquidés à perte.

Il est donc exact de dire que distribuer un excédent d'actif, qui ne résulterait pas d'opérations réalisées, se traduit en définitive par une atteinte au capital social. L'expression, « opérations réalisées » ne signifie pas d'ailleurs opérations encaissées, puisque la comptabilité enregistre des faits économiques : fabrication, achats, ventes, indépendants des mouvements d'espèces.

En omettant de définir le véritable rôle de la comptabilité, qui est de déterminer les résultats de l'entreprise, et celui du bilan qui est de contrôler ces résultats, non en supposant une liquidation de la société — ce qui implique d'ailleurs un bilan de prévision — mais en montrant l'utilisation des capitaux entrés dans l'entreprise, on a pu soutenir qu'une plus-value constituait un bénéfice distribuable. Mais nous devons rejeter cette théorie, car considérer une plus-value comme un profit, serait un non-sens économique, en même temps qu'une hérésie comptable. Juridiquement enfin, les bénéfices d'une entreprise sont des fruits civils produits par la mise en œuvre du capital, sans altération de sa valeur; or il est impossible de considérer une plus-value non réalisée comme un produit du capital.

La plus-value apparente de l'actif, née de la valorisation, ne pouvant être inscrite au compte de Profits et Pertes, il nous reste à étudier les deux autres solutions qui se présentent pour rétablir l'équilibre rompu du bilan, savoir : la création d'une réserve au passif ou bien l'augmentation du capital social.

§ 2. — Inscription de la plus-value nominale de l'actif dans un compte de réserve spéciale.

Les réserves sont prélevées sur les bénéfices nets.

On appelle réserve toute augmentation du fonds social par rapport au capital, qui est conservée à titre permanent par la société, au lieu d'être répartie entre les ayants droit. Elle est prélevée sur les bénéfices nets.

La plus-value nominale des immobilisations, consécutive à la baisse du franc, peut-elle faire l'objet d'une réserve et constitue-t-elle véritablement une augmentation du fonds social? Ne serait-ce pas, en l'admettant, lui reconnaître le caractère de bénéfices que nous lui avons dénié dans les développements qui précèdent? Ou bien ne serait-ce pas là, un moyen pratique d'éviter son inscription au compte de Profits et Pertes, et sa répartition entre les actionnaires sous forme de dividendes?

Théorie de M. Houpin[1].

M. Houpin, dont nous aurons plus loin à examiner les critiques à l'égard de la transformation des plus-values en une augmentation de capital, se rallie à l'inscription de ces plus-values dans un compte de réserve spéciale au passif. Ce n'est d'ailleurs là qu'une application du système qu'il préconise pour l'estimation des valeurs actives dans le bilan des entreprises industrielles et commerciales. Il ne voit en effet de sincérité dans le bilan, que si les évaluations tiennent compte des plus-values qu'elles ont pu acquérir; si un immeuble vaut en réalité 5 000 000 de francs, il ne saurait figurer à l'actif du bilan pour une somme inférieure, sans tromper les tiers sur la situation véritable de la société. Le prix de revient ne devra donc être conservé au bilan, d'après M. Houpin, que si la

---

1. *Journal des Sociétés*, 1923, p. 481. — Houpin et Bosvieux, *Traité général théorique et pratique des Sociétés civiles et commerciales*, 6ᵉ édit., t. II, n° 870. Sirey, Paris, 1927.

valeur actuelle ne peut être déterminée avec précision. Dans le cas contraire, c'est le prix courant que l'on devra enregistrer, sauf à porter la plus-value à un fonds de réserve spéciale, qui pourra être intitulé « Réserve spéciale indisponible représentant la plus-value de l'actif ».

Il conviendra, d'autre part, de faire apparaître à l'actif séparément le prix de revient et la plus-value. Lors de la réalisation de cette plus-value, s'il y a cession d'un actif immobilisé, le bénéfice pouvant en résulter sera porté au crédit du compte « Profits et Pertes », et parallèlement, le montant du compte de réserve devra être réduit dans la mesure où la plus-value afférente à l'actif réalisé, est entrée dans cette réserve. Si l'actif vient à subir une plus-value nouvelle, celle-ci sera portée à l'actif, et la réserve spéciale sera créditée d'une somme correspondante. Au contraire, s'il se produit une moins-value, le montant en sera déduit à la fois de l'actif et de la réserve spéciale, de manière que dans tous les cas, la plus-value figurant à l'actif ait pour contre-partie exacte au passif la réserve spéciale : « Ainsi établi, le bilan indiquera, conclut M. Houpin, la véritable situation de la société et nous paraît à l'abri de toute critique. »

Ce procédé, appliqué en période normale, aboutit en réalité à dresser chaque année un bilan de liquidation, puisque les biens y sont estimés en quelque sorte à leur valeur de réalisation probable. Or le bilan annuel doit exposer simplement la situation actuelle de l'entreprise, et la valeur à laquelle on doit s'attacher, dans un tel bilan, est celle que les éléments de l'actif présentent actuellement pour les entreprises. L'utilité d'une constatation des plus-values et l'ouverture au passif d'un compte de réserve spéciale en contre-partie, n'apparaît donc pas dans ce bilan dont la présentation ne pourrait que s'en trouver alourdie. Renseigner sur la vie de la société et montrer comment les capitaux reçus ont été employés, à la date de clôture de l'exercice, tels sont en définitive les buts de l'inventaire et du bilan annuels.

Son application en période d'instabilité monétaire.

Si l'ouverture d'un compte de réserve spéciale, pour contre-balancer les plus-values d'actif, apparaît sans nécessité en période de monnaie stable, ce procédé ne va-t-il pas, au contraire, apporter une solution juridique à la valorisation des bilans faussés par l'inflation? Nous pensons que dans l'hypothèse d'une réévaluation d'actif antérieure à la stabilisation légale, il faille se rallier au système de M. Houpin.

Lors de l'étude qu'il a fait paraître dans le *Journal des Sociétés* en 1923, la stabilisation et la création d'un nouvel étalon moné-taire n'étaient pas des notions courantes, mais on sentait déjà combien il était vain de présenter des bilans additionnant indis-tinctement des francs-or et des francs-papier. Et M. Houpin, en rejetant pour des raisons juridiques l'inscription des plus-values apparentes au compte de Profits et Pertes, ainsi que leur incorpo-ration au capital, avait raison, au point de vue économique et monétaire, contre ceux qui préconisaient la consolidation des plus-values par une augmentation de capital. L'ouverture d'un compte de réserve spéciale, en effet, aurait permis de faire varier chaque année la valeur des éléments actifs, parallèlement aux fluctuations du franc-papier. A la clôture de chaque exercice, l'actif aurait été augmenté dans la mesure de la dépréciation du franc, ou réduit inversement si le franc s'était redressé. Ce compte de réserve spéciale, frappée d'indisponibilité, serait resté dans tous les cas le régulateur nécessaire, pour rétablir la balance détruite par ces estimations successives, et son but aurait été de ramener tous les éléments de l'actif sur la base d'un étalon de même valeur, le franc-papier au jour de l'établissement du bilan.

Son insuffisance en cas de stabilisation légale.

Si l'on se place, au contraire, dans l'hypothèse d'une stabilisation officielle, la valorisation ne peut se limiter à la création d'une réserve au passif, car ce serait là accepter tous les inconvénients que présente pour les sociétés l'existence de réserves en disproportion avec le montant de leur capital. La valeur des actions peut s'en ressentir et leur marché devenir plus étroit et languissant, si elles se négocient à des cours trop élevés, eu égard à leur valeur nominale. D'autre part, le revenu du titre, si faible qu'il puisse être par rapport à la valeur de Bourse, seul prix réel, peut sembler considérable vis-à-vis du capital investi par l'actionnaire primitif. Or il n'est pas bon que le public s'imagine les profits des actionnaires exagérés, et que le fisc y voit une matière imposable facile à exploiter.

Enfin, le caractère d'indisponibilité qui frapperait une telle réserve, ne saurait se perpétuer indéfiniment jusqu'à la dissolution de la société. Créée par une assemblée générale, en l'absence d'une clause statutaire la prévoyant, cette réserve pourrait être détruite ou modifiée, quant à son affectation, par une autre assemblée générale. Une réserve, en effet, est essentiellement à la disposition de l'assemblée des actionnaires, fût-elle statutaire, et la loi du 22 novembre 1913 n'a pas limité les pouvoirs de l'assemblée sur ce point, puisqu'une telle opération n'a pas pour effet d'augmenter les engagements des actionnaires.

Si une immobilisation, d'ailleurs, est réalisée par la société avant sa dissolution, le caractère d'indisponibilité affectant la plus-value correspondante tombera nécessairement, et l'on pourra par suite procéder à sa distribution. Cette solution, sans doute, est logique; mais on aboutira, dans ces conditions, à la répartition d'une plus-value nominale, uniquement due au changement survenu dans l'étalon monétaire. Économiquement, ce sera une erreur et il n'y aura pas, en réalité, distribution de bénéfice, mais une disposition du fonds social, c'est-à-dire un véritable remboursement du capital.

La création d'une réserve indisponible au passif, n'apparaît donc pas comme la solution juridique exacte, applicable à la valorisation du bilan, et il ne nous reste plus qu'à nous tourner vers la dernière solution : « La transformation des plus-values d'actif en augmentation de capital. »

§ 3. — **La transformation des plus-values d'actif en augmentation de capital.**

Controverse relative à la transformation des réserves en actions.

La controverse soulevée par la transformation des plus-values d'actif en augmentation de capital se rattache, par beaucoup de points, à celle de la transformation des réserves en actions. Cette dernière est déjà ancienne, et bien avant les troubles causés par l'inflation dans les bilans, elle avait été étudiée par les jurisconsultes. Or, qu'il s'agisse de réserves apparentes votées par l'assemblée générale des actionnaires, de réserves occultes qui peuvent provenir d'amortissements exagérés, ou bien de plus-values nominales d'actif consécutives à la baisse du franc, le problème présente de grandes analogies, puisqu'il aboutit, dans tous les cas, à une élévation du capital de la société.

Analysant cette opération en une répartition entre les actionnaires du montant des réserves à transformer, et en une souscription aux actions du capital augmenté, que les actionnaires seraient censés libérer avec leur part de réserves, des auteurs en ont conclu qu'il y avait là une aggravation des engagements des actionnaires, impossible à réaliser sans leur unanimité[1]. M. Wahl toutefois reconnaît qu'aucune raison ne s'oppose à l'opération, après la loi de 1913, qui n'exclut pas cette mesure formellement des pouvoirs de l'assemblée, et parce qu'elle n'impose aucun versement nouveau aux actionnaires[2].

M. Thaller repousse la doctrine de ces jurisconsultes[3], car elle rend impraticable un plan qui peut être conforme aux intérêts de

---

1. Houpin et Bosvieux, *op. cit.*, t. II, n° 876. — Wahl, *Journal des Sociétés*, 1900, p. 347. — R. Rousseau, *Des Sociétés commerciales*, 1902, n° 2570bis. — Arthuys, *Traité des Sociétés commerciales*, 1906, n° 628, note 2. — Lehmann, *Das Recht der Aktiengesellschaften*, 2° vol., p. 445, note.

2. *Journal des Sociétés*, 1914, p. 79.

3. *Annales de Droit commercial*, 1907, pp. 177 et suivantes.

tous : créanciers qui vont disposer d'un gage en capital plus fort, actionnaires qui vont s'enrichir par une capitalisation ne leur coûtant rien. On chercherait vainement, ajoute-t-il, un apport nouveau, une charge complémentaire incombant aux actionnaires. La société n'est pas présumée distribuer d'abord ses réserves entre les actionnaires, puis recevoir d'eux une pareille somme à titre de souscription, de façon à faire jouer les principes de la compensation (art. 1289 et suivants du Code Civil). Les réserves, en effet, sont représentées non par de l'argent, mais par des travaux, des marchandises, en un mot par l'actif immobilisé ou même réalisable de la société. Il faudrait donc, pour rendre la compensation recevable, commencer par réaliser les immeubles, les travaux, les marchandises, ce qui serait un non-sens puisqu'on entend, au contraire, les conserver avec l'affectation qui leur a été donnée, et que finalement immeubles, travaux et marchandises se retrouvent tels qu'ils ont été aménagés ou entreposés. Si les actionnaires n'ont rien reçu, ils n'ont rien apporté, et l'opération croule, faute d'apports en espèces. Il n'y a pas non plus apports en valeur, puisque la société possède déjà les immeubles, les travaux ou les marchandises.

Cet artifice de compensation est en définitive un simple procédé de scholastique et par conséquent, conclut M. Thaller, l'augmentation de capital réalisée dans ces conditions, n'exige ni la formalité vaine du bulletin de souscription, ni la confection d'une liste notariée, ni enfin la tenue d'une assemblée générale, pour vérifier la sincérité de souscription et de versement, en réalité inexistants. Il n'y a pas d'apports nouveaux, mais une plus-value officiellement reconnue aux actions, avec sectionnement du titre originaire, en coupures retombant au taux du titre primitif, rapprochant ainsi la valeur nominale des actions de leur valeur de Bourse, seule valeur réelle. L'augmentation de capital par péréquation avec l'actif apparaît donc régulière et facile à réaliser, puisqu'elle aura pour simple résultat, en comptabilité, de virer les réserves au compte de capital et, en droit, de renforcer le montant de l'actif que les associés s'engagent à ne pas reprendre au détriment des créanciers. La seule délibération de l'assemblée générale peut donc réaliser juridiquement l'opération [1].

La principale objection présentée à ces arguments [2] est qu'il y a bien, et M. Thaller le souligne dans son étude, une aggravation de la situation des actionnaires, qui exige leur consentement unanime, puisque les réserves, ni rigides, ni irrévocables, vont être transformées en capital. Par leur conversion en actions, les actionnaires vont perdre la faculté d'en disposer librement et devenir comptables de leur montant envers les créanciers sociaux. L'actionnaire tenu pour 500 francs, sera désormais tenu dans la mesure de $500 + 500$ soit 1 000 francs, si l'incorporation des réserves a eu pour effet de doubler le capital primitif. Il va être obligé de maintenir dans l'entreprise des valeurs qu'il aurait pu en retirer, en un mot aggraver son risque.

Nous ne nous rallions pas à cette objection, car l'accroissement des charges des actionnaires dans une telle opération n'apparaît, ni réellement, ni pratiquement démontrée. Comme l'a dit M. Amiaud [3], il n'existe pas à proprement parler d'apport nouveau, et il ne saurait être question d'une aggravation de la situation des actionnaires; l'opération peut donc s'accomplir par un simple vote de la majorité de l'assemblée extraordinaire. Les réserves, en effet, représentent une fraction des bénéfices que les nécessités d'une gestion prévoyante obligent la société à conserver par devers elle, au même titre que le capital social, et leur assimilation à ce capital est la règle. Indisponibles en fait, leur incorporation au capital les rend indisponibles en droit, mais sans pour cela en priver irrémédiablement les actionnaires, puisqu'une réduction de capital peut les libérer.

---

1. Jean Michel, *Recueil juridique des Sociétés*, 1925, p. 27.
2. Bourcart, *Annales de Droit commercial*, 1914, p. 259. — Houpin, *Journal des Sociétés*, 1908, pp. 385 et suivantes, notamment 389-390.
3. *Recueil juridique des Sociétés*, 1925, p. 26.

Transformation en actions des plus-values nominales dégagées par la valorisation. — Thèses de M. Houpin et de M. Percerou.

La plus-value nominale de l'actif, dégagée par la valorisation, ne présente pas le même caractère qu'une réserve proprement dite, constituée par prélèvement sur les bénéfices; alors que celle-ci, en effet, est à la disposition des actionnaires, la plus-value n'est que le résultat d'un ajustement, et correspond simplement en réalité à la baisse de la monnaie. Si en fait, l'une et l'autre sont représentées à l'actif par des immobilisations ou des marchandises, c'est-à-dire si leur situation économique est absolument identique, en droit, il existe une grande différence entre la réserve et la plus-value d'actif, qui, à aucun moment, n'a représenté des bénéfices réalisés.

La plus-value d'actif peut-elle donner lieu à une augmentation régulière de capital, ou bien semblable opération se heurte-t-elle, en l'état actuel de la doctrine, à une impossibilité juridique?

Deux thèses contraires ont été émises : celle de M. Percerou, qui conduit à la validité de l'incorporation au capital par voie d'augmentation de celui-ci, des plus-values consolidées et durables acquises par les immobilisations; celle de M. Houpin, qui repousse cette solution et ne voit qu'une possibilité pratique, c'est d'ouvrir au passif, pour ces plus-values, un compte de réserve spéciale frappée d'indisponibilité, ou bien, si l'on veut les incorporer au capital, de dissoudre la société et d'apporter son actif à une société nouvelle à constituer.

L'opinion de M. Houpin est la conséquence nécessaire de celle qu'il préconise en matière d'augmentation de capital à l'aide des réserves. Dès le moment où l'on estime qu'une augmentation de capital ne peut être régulière que s'il y a versement effectif des associés, il va de soi que les plus-values nominales d'actif, qui n'ont pu être distribuées parce que non réalisées, ne peuvent servir de base à une augmentation régulière de capital.

Le principal argument de M. Houpin se fonde en réalité sur ce que les plus-values ne sauraient faire l'objet d'un apport en nature ou d'un apport en numéraire. Or, un capital ne peut être augmenté qu'en représentation d'apports en nature ou en espèces, ou par l'incorporation de réserves formées au moyen de bénéfices réalisés, définitivement acquis et susceptibles d'être distribués aux actionnaires. Une réserve indisponible ne peut donc faire l'objet d'une augmentation de capital, en raison de son indisponibilité. La jurisprudence de la Cour de Cassation est constante dans ce sens que toute augmentation de capital suppose un nouvel apport fait à la société (Arrêts du 6 mars 1922, du 11 avril 1927). M. Wahl, qui est du même avis, considère également que les plus-values ne peuvent être incorporées au capital et il analyse l'opération en une distribution de ces plus-values aux actionnaires, qui emploient les fonds à la souscription d'actions nouvelles [1].

La fixité du capital enfin, est une règle fondamentale qui ne permet pas d'y comprendre des plus-values dues à des événements extraordinaires, et qui peuvent diminuer ou disparaître avec les causes mêmes qui les ont produites [2]. Malgré la dépréciation du franc, les actionnaires n'ont le droit de prélever, à raison de leurs apports, lors de la liquidation, particulièrement lorsqu'il existe des parts de fondateurs, que le capital nominal invariable de leurs actions en francs-papier.

La conclusion de M. Houpin, c'est que l'incorporation au capital des plus-values d'actif ne peut être réalisée que par la dissolution de la société et l'apport de son actif à une autre société constituée ou à constituer, moyennant l'attribution d'actions représentant la valeur actuelle en francs-papier (plus-values nominales comprises) des biens apportés. La valeur des apports et la cause des avantages particuliers stipulés au profit de la société apporteuse, seront ainsi soumis à la vérification et à l'approbation des actionnaires, dans les conditions prescrites par les articles 24 et 27 de la loi du 24 juillet 1867.

1. *Journal des Sociétés*, 1920, p. 107.
2. *Ibid.*, 1923, p. 502.

Si l'on adoptait ces conclusions, seule une dissolution permettrait aux sociétés de mettre leur capital en harmonie avec leur actif valorisé, et l'on conçoit de quelles formalités serait ainsi suivie la revision officielle des bilans. Faute de les accomplir, il ne resterait comme issue aux sociétés que l'inscription des plus-values apparentes dans un compte de réserve spéciale frappée d'indisponibilité. Or tel ne peut être le but de la valorisation qui doit précisément établir, entre le capital et l'actif, la péréquation rendue indispensable par les fluctuations de l'étalon monétaire. Cette mesure répond à un besoin économique actuel, et il n'y a, en réalité, aucune impossibilité juridique effective à sa réalisation.

M. Percerou[1], rappelant la formule de Thaller qui définit le capital « une ligne idéale tracée dans l'actif sans identifier les valeurs précises, autour du cercle de la valeur primitive des apports », remarque qu'au cas où la valeur des apports vient à diminuer, c'est-à-dire à représenter un nombre de francs moindre que la valeur nominale du capital social, la société se trouve dans l'obligation ou d'amortir la perte à l'aide des bénéfices ultérieurement réalisés, ou bien de réduire le capital, en faisant coïncider la ligne idéale qui détermine le capital, avec la valeur réduite des apports.

La réciproque doit être également vraie, et si la valeur en francs des apports primitifs s'est accrue, la société doit avoir la faculté d'augmenter son capital, de façon à le faire coïncider avec l'accroissement de valeur des apports. De même qu'aucune impossibilité légale ne heurte la transformation des réserves en capital et que l'assemblée générale extraordinaire des actionnaires peut réaliser cette opération, de même les actionnaires ont le pouvoir de mettre le capital en harmonie avec l'actif valorisé. Nous dirons même plus, la transformation des réserves en actions, obligatoire pour tous les actionnaires, serait-elle interdite à l'assemblée générale, comme aggravant la situation des actionnaires dissidents, privés de la

---

1. *Journal des Sociétés*, 1921, pp. 145 et suivantes.

distribution de ces réserves, que l'augmentation de capital, par incorporation des plus-values nominales et non réalisées d'actif, resterait dans les pouvoirs de l'assemblée, puisque ces plus-values n'ont représenté à aucun moment des bénéfices distribuables.

A la constitution de la société, les moyens d'action de l'entreprise : immobilisations, marchandises, espèces en caisse, etc..., avaient, au passif, leur contre-partie dans le compte « Capital », qui exprimait la valeur des apports au moment de la constitution, valeur que les associés s'engageaient à maintenir intacte pendant toute la durée de la société, aucun bénéfice ne pouvant exister si cette valeur était entamée. Si, par suite d'un changement survenu dans l'étalon monétaire, l'actif qui se mesurait avec 100 unités, s'exprime dorénavant par 400 unités, le capital ne vaut plus aujourd'hui 100 unités, mais bien 400 unités nouvelles. Vouloir les maintenir pour 100 unités au bilan, en arguant que le capital est un élément fixe, qui ne peut être augmenté que par des apports nouveaux, serait dépourvu de logique, puisqu'en réévaluant en une nouvelle monnaie l'actif du bilan, on a reconnu que la valeur des apports primitifs ne pouvait plus s'exprimer par un même montant.

En résumé, la valorisation de l'actif exige que le capital soit parallèlement augmenté, et cette augmentation peut se traduire soit par la remise d'actions nouvelles aux actionnaires anciens, soit par le sectionnement de leurs titres ou par l'élévation pure et simple de leur valeur nominale ; l'assemblée générale est apte à réaliser l'opération, puisqu'elle n'aggrave pas plus les engagements des actionnaires dissidents ou absents, qu'elle ne trompe le public ou lèse les créanciers de la société. Cette augmentation de capital au contraire, en rendant au bilan son équilibre, dégage la valeur réelle du capital social ; elle est de nature à justifier les dividendes distribués, qui, eu égard au capital ancien, pourraient paraître exagérés ; pour les créanciers, elle présente un intérêt sérieux, en rendant impossible la distribution de bénéfices purement nominaux, pouvant résulter de la réalisation d'une valeur immobilisée.

On a fait appel, pour combattre la transformation des plus-values d'actif en augmentation de capital, à la notion de dividendes fictifs. Le fait de distribuer des actions nouvelles ou d'augmenter la valeur nominale des anciennes, s'analyse, a-t-on dit, en une distribution de bénéfices, puisqu'en vertu de la loi de 1872 qui a créé un impôt sur les revenus, la Cour de Cassation a jugé qu'il y avait là une distribution taxable. Or s'il en est ainsi, il y a distribution d'un dividende fictif, puisque les plus-values ne peuvent être considérées comme des bénéfices.

On ne saurait adhérer à cette construction, et étendre au droit commun des arrêts d'ailleurs critiquables, rendus en matière fiscale. Elle procède en effet de la théorie qui analyse la transformation des réserves en actions, en une distribution des réserves et en une souscription aux actions nouvelles; nous avons vu pourquoi cette théorie devait être rejetée. L'augmentation, d'autre part, en permettant aux actionnaires de vendre leurs titres nouveaux ou majorés, n'aura pas pour effet de mobiliser la plus-value. La valeur d'une action est fonction de celle de l'actif net, et non pas du nominal des titres; si une différence de cours se produit après l'augmentation de capital, ce sera uniquement en raison de la connaissance plus précise qu'aura le public, sur la valeur réelle de l'actif.

De tout ceci, la conclusion qui se dégage, c'est qu'aucun obstacle juridique ne s'oppose à ce que la valorisation de l'actif immobilisé des entreprises, se traduise par une augmentation de leur capital. Il nous est apparu, au contraire, que cette opération constituait, dans l'hypothèse d'une stabilisation légale, la seule solution à apporter à la revision officielle des bilans.

La valorisation des stocks.

Devra-t-on limiter aux plus-values des immobilisations l'augmentation de capital, comme le préconise M. Percerou, qui déclare que la plus-value des valeurs d'échange ne saurait faire l'objet d'une augmentation de capital? A la différence des immobilisations, permanentes à l'actif de l'entreprise, les marchandises en effet doivent être vendues; leur réévaluation, suivie d'une incorporation au capital de la plus-value constatée, aurait donc pour résultat de rendre indisponible le bénéfice à réaliser sur leur cession, et par suite d'aggraver les engagements des actionnaires, en réduisant leurs dividendes futurs.

Pour accepter cet argument, il faudrait faire abstraction des effets de l'instabilité monétaire sur l'exploitation des entreprises, et admettre qu'un bénéfice, uniquement dû à la baisse du franc, puisse constituer un profit réel, distribuable entre les actionnaires, sans porter atteinte à l'intégralité du capital. Or, nous avons vu précédemment que la majoration subie par une marchandise, pour compenser la dépréciation de la monnaie, ne pouvait être la source que de bénéfices illusoires, et que la répartition de tels bénéfices équivalait en réalité à une disposition du fonds social.

Si la stabilisation monétaire, par conséquent, est décrétée après une chute brutale de la monnaie, comme cela s'est fait en Belgique, la valorisation des stocks sera aussi nécessaire que celle des immobilisations, de même qu'une réduction de leur valeur serait indispensable, si le franc était stabilisé après une large étape de revalorisation, accompagnée d'une baisse générale des prix. Et comme la contre-partie de cette réévaluation ne peut se trouver au passif que dans le compte « Capital », la plus-value ou la moins-value en résultant, devra être assimilée à celle des immobilisations.

Ajoutons, pour terminer, que dans l'hypothèse vraisemblable d'une réforme monétaire opérée après une longue période de stabilité des changes, le problème de la valorisation des stocks ne présentera qu'un intérêt limité, puisque dans la plupart des entreprises, aucune variation de la valeur du franc ne sera intervenue entre la date d'acquisition des stocks et celle de la stabilisation.

Section IV. — LE FISC ET LA VALORISATION

Sans attendre la stabilisation légale, des sociétés ont jugé utile de procéder à des réévaluations d'actif et d'augmenter parallèlement leur capital, soit par le sectionnement de leurs titres, soit en remettant gratuitement à leurs actionnaires des actions nouvelles, ou encore en élevant le nominal des titres existants.

Comment le fisc a-t-il interprété cette opération, et si, méconnaissant la dépréciation du franc, il a taxé des bénéfices fictifs et des produits purement apparents, maintiendra-t-il ses prétentions devant une stabilisation légale, qui nous donnera une nouvelle équivalence monétaire?

La question doit être envisagée sous un triple aspect :

1° Celui de l'impôt sur les bénéfices industriels et commerciaux;

2° Celui de l'impôt sur le revenu des valeurs mobilières;

3° Celui de l'impôt général sur le revenu.

§ 1. — Impôt sur les bénéfices industriels et commerciaux.

Jusqu'à une date récente, on a pu croire, bien que la doctrine administrative ne parut pas très ferme, que l'impôt sur les bénéfices industriels et commerciaux n'était pas applicable à la plus-value ressortant d'une réévaluation d'actif, si elle n'était pas réalisée par une cession. C'est ce que reconnaissait en effet l'Administration dans une réponse à M. Ch. Bernard, député[1], qui demandait :

« Si l'impôt sur les bénéfices industriels et commerciaux est dû sur les réserves distribuées par une société anonyme, sous la forme d'actions nouvelles, lorsque ces réserves proviennent :

« 1° de la valorisation des éléments de l'actif portés au bilan pour une valeur inférieure à leur valeur réelle;

1. Question 17 124. *Journal officiel* du 18 mai 1923. Déb. p. 2006.

« 2° de l'intégralité des amortissements pratiqués antérieurement, et si l'Administration serait fondée à assimiler cette valorisation à une réalisation[1] ? »

A cette question, le Ministre des Finances répondit que : « pour l'établissement de l'impôt sur les bénéfices industriels et commerciaux, les réserves doivent, bien que n'étant pas immédiatement disponibles, être considérées dans tous les cas comme des bénéfices de l'exercice au cours duquel elles sont constituées. Dès lors, la circonstance que la société visée dans la question a attribué aux actionnaires tout ou partie de ces réserves, reste sans influence sur le montant de l'impôt dont elle peut être redevable.

« Par ailleurs, si elle n'est pas réalisée par une cession, la plus-value résultant d'une nouvelle évaluation de l'actif ne constitue pas un bénéfice effectif, susceptible d'être retenu pour l'établissement de l'impôt sur les bénéfices industriels et commerciaux. »

La première partie de cette réponse se réfère aux amortissements pratiqués en excédent de la dépréciation réelle des éléments d'actif. S'ils ont été déduits des bénéfices imposables, leur revision en vue d'une augmentation de capital devra entraîner parallèlement leur réintégration dans les bénéfices soumis à l'impôt. Cette solution est exacte, mais si les amortissements avaient été constitués sur les bénéfices d'exercices antérieurs à la mise en vigueur de l'impôt, ils ne pourraient évidemment lui être soumis.

La solution ci-dessus n'est plus la même s'il s'agit d'une valorisation rendue nécessaire par la dépréciation de la monnaie, et le Ministre, dans la seconde partie de sa réponse, déclare expressément que de telles plus-values, en dehors d'un acte de réalisation, ne sauraient constituer un bénéfice[2].

L'Administration, malheureusement, n'a pas maintenu cette

---

1. *Recueil des Questions fiscales*, 1925, p. 247.
2. Dans le même sens, l'article 15 disjoint du projet de budget pour 1924 décidait que les plus-values spontanées de valeur, provenant de la dévalorisation du franc, ne devaient pas être considérées comme un revenu imposable.

interprétation libérale, et dans une réponse faite à **M.** Montenot, sénateur[1], elle déclare cette fois que :

« **Du** moment où les plus-values acquises par les immobilisations sont incorporées au capital, on doit les considérer comme réalisées, et par suite, les comprendre dans les bases de l'impôt cédulaire dû par la société. »

Elle admet d'ailleurs, dans ce cas, que les amortissements soient calculés sur les actifs réévalués, et déduits des bénéfices pour la détermination de l'impôt des exercices ultérieurs.

L'Administration, en somme, comme la jurisprudence et une partie de la doctrine qui méconnaissent volontairement les réalités économiques et le problème de la monnaie, se refuse à considérer l'incorporation au capital des plus-values nominales de l'actif, comme un ajustement nécessaire des bilans faussés par l'inflation. Elle accepte l'analyse faite de cette opération, en une distribution des plus-values et en une souscription à l'augmentation de capital réalisée en contre-partie. Si ces plus-values sont « censées » être distribuées, il faut de toute évidence « supposer » qu'elles ont été au préalable réalisées et par suite, déclare l'Administration, l'impôt est dû sur leur montant.

On conçoit qu'en adoptant pareilles fictions dans une construction juridique, on aboutisse à l'injustice et à l'erreur.

Comme conséquence de cette théorie, si les plus-values ne sont pas incorporées au capital, mais simplement inscrites dans un compte de réserve, aucun impôt ne les frappera, puisqu'elles n'auront fait l'objet d'aucun acte de réalisation. Mais, dans ce cas, les amortissements déductibles des bénéfices taxables, ne pourront être calculés que sur les éléments d'actif avant réévaluation, et non pas sur les nouvelles valeurs obtenues[2].

La doctrine administrative, qui paraît bien arrêtée aujourd'hui dans le sens de l'imposition des plus-values, ne saurait évidem-

---

1. *Journal officiel* du 30 mars 1927. Déb. Sénat, p. 352.
2. Question n° 8096 de M. Japy, sénateur (*Journal officiel* du 9 juillet 1927, Déb. Sénat, p. 861). Question n° 12444 de M. Brocard, député (*Journal officiel* du 13 juillet 1927, Déb. Chambre, p. 2610).

ment être que provisoire, car si elle était maintenue après la stabilisation légale, elle constituerait un obstacle à la revision des bilans, en amputant injustement le capital réajusté des entreprises. Quant à celles qui se contenteraient d'inscrire la plus-value de leurs immobilisations dans un compte de réserve, on leur interdirait de pratiquer l'amortissement intégral de ces immobilisations au fur et à mesure de leur dépréciation, et on aboutirait, en fin de compte, à la taxation de cette plus-value, en réintégrant aux bénéfices imposables des exercices ultérieurs, les amortissements calculés sur son montant.

Certes, la réforme monétaire, en reconnaissant officiellement la dévaluation de notre monnaie et par suite l'absence de plus-value réelle des biens, mettra en échec la thèse de l'Administration; mais, en raison de son intransigeance actuelle et de ses abus[1], il apparaît de plus en plus indispensable que cette réforme soit accompagnée de mesures précises, permettant aux entreprises industrielles et commerciales de réévaluer leurs immobilisations en franchise d'impôt, sur la base du franc stabilisé.

§ 2. — **Impôt sur le revenu des valeurs mobilières.**

Au regard des actionnaires qui, en représentation des plus-values d'actif, vont recevoir gratuitement des actions nouvelles, ou voir le nominal de leurs titres anciens élevé en proportion de la valorisation, le point de vue fiscal se présente sous l'aspect de l'impôt

---

1. Signalons à ce propos l'espèce suivante, qui a été récemment tranchée contre le fisc (Lyon. C. Pref. Interd. 5 juillet 1927, *Semaine Juridique*, 1927, p. 1329). Une société en commandite ayant, pour sa transformation en société anonyme, réévalué les éléments immobiliers de son actif, l'Administration prétendait réintégrer aux bénéfices imposables de la société en commandite, les amortissements pratiqués sur l'ancienne valeur des immobilisations, arguant que ces amortissements n'étaient que des réserves, puisque l'actif ne s'était pas déprécié, mais au contraire apprécié. Cette thèse, qui était directement contraire à l'article 4 de la loi du 31 juillet 1917 (Code des impôts sur le revenu, art. 4), a sans doute été rejetée par le Conseil de Préfecture, mais elle nous montre combien il faut se garder des interprétations de l'Administration et de ses agents.

sur le revenu des valeurs mobilières et sous celui de l'impôt général sur le revenu.

L'attribution d'actions gratuites constitue-t-elle une distribution soumise à la taxe sur le revenu?

L'actionnaire ne reçoit pas une somme d'argent, mais simplement un titre n'enrichissant nullement d'ailleurs son patrimoine. L'action ancienne et l'action nouvelle ne doivent pas, en effet, valoir théoriquement plus, à elles deux, que l'action ancienne dont le cours sera réduit d'autant; si elles valent plus, ce sera uniquement parce que le public sera mieux éclairé sur la valeur de l'actif social, par la revision du bilan. La Cour Supérieure des États-Unis a jugé, en cette matière, que lorsqu'une société valorisait ses réserves, en faisant une distribution gratuite d'actions nouvelles aux porteurs de titres anciens, il n'y avait pas effectivement distribution de bénéfices. La jurisprudence anglaise est dans le même sens; elle se base sur ce motif qu'il n'y a pas en l'espèce distribution de réserves à titre de revenus, mais conversion de réserves en capital [1].

Au contraire, la jurisprudence française est très ferme dans le sens opposé, et nombreux sont les arrêts de la Cour de Cassation qui ont conclu à l'imposition de ces distributions [2].

A citer notamment un arrêt du 11 avril 1927 de la Chambre civile de la Cour de Cassation, qui assimile à une distribution de produits soumis à la taxe instituée par l'article premier, n° 1, de la loi du 29 juin 1872, le fait pour une société de doubler simplement le capital nominal de chaque action (*Rec. Jur. des Soc.*, 1927, p. 148).

Toute augmentation du capital social, déclare en particulier la Cour Suprême, suppose un nouvel apport fait à la société, et le prélèvement opéré par celle-ci sur ses réserves, en élevant la valeur nominale de ses actions, a permis aux actionnaires de réaliser leur apport, sans faire aucun versement personnel.

1. Allix et Lecerclé, *op. cit.*, t. I, p. 266.
2. Cass. Requête 7 juin 1880, deux arrêts : J. E. 21 364 et 21 365 — S. 80, I, 473 et 476 — D. P. 80, I, 467. — 24 juillet 1911 : J. E. 28 429 — S. 1914, I, 398. — Ch. civ. 6 mars 1922 : J. E. 31 547 — D. P. 1923, I, 54.

Le raisonnement subtil sur lequel se fonde cette jurisprudence, consiste à décomposer l'opération en deux phases juridiquement distinctes : d'abord la mise des réserves à la disposition des actionnaires, qui donne ouverture à l'impôt, et ensuite le réinvestissement de ces sommes dans le capital social. Cette théorie est d'ailleurs très discutable, parce qu'elle confond la personnalité des actionnaires, pris individuellement, et celle de la société [1]. L'actionnaire n'a, en effet, en tant que personne privée, disposé d'aucune valeur, et c'est la collectivité des actionnaires représentant la société, dans une assemblée générale extraordinaire, qui a statué sur l'emploi des réserves, celles-ci n'ayant été à aucun moment mises à la disposition de l'actionnaire.

Ce qui est vrai pour les réserves prélevées sur les bénéfices sociaux, s'applique de même aux plus-values apparentes de l'actif, et si notre jurisprudence maintenait ce point de vue empreint de fiscalité, la revision des bilans se heurterait à un gros obstacle, puisque toute valorisation, suivie d'une augmentation de capital, verrait ses résultats amputés d'un prélèvement de 18 0/0.

Ce problème, d'ailleurs, devant une stabilisation légale, doit être posé dans toute son ampleur, car il ne faut pas oublier que la perception de l'impôt sur les valeurs mobilières doit frapper, si ce n'est en cours d'exploitation, du moins à la dissolution de la société, toutes sommes distribuées en excédent du capital primitif. C'est ainsi que si, en 1930, on rembourse une somme de 500 francs en représentation d'une action de 100 francs souscrite en 1914, le fisc prélèvera 18 0/0 sur 400 francs. Sous le régime du cours forcé, cette solution paraît logique puisque le franc égale un franc, quelles que soient les époques envisagées, mais après une stabilisation qui donnerait à notre monnaie une nouvelle équivalence, pareil résultat serait contraire au bon sens et à l'équité, sans qu'on puisse invoquer en sa faveur une nécessité d'ordre public.

Pour éviter toute équivoque, il serait bon que le législateur

---

1. Allix et Lecerclé, *op. cit.*, t. I, p. 267.

prévît expressément l'exemption des plus-values ressortant des valorisations et ne frappât, à la liquidation des sociétés, que l'excédent de remboursement dépassant la valeur nominale des titres réévalués.

§ 3. — Impôt général sur le revenu [1].

En ce qui concerne l'impôt général sur le revenu, la question de savoir s'il est dû sur le montant des actions remises aux actionnaires, à la suite de la transformation des réserves en capital, a été résolue par deux arrêtés du Conseil d'État du 15 février 1923 [2], confirmés par deux autres du 27 juillet et du 23 novembre 1923 [3] et par un troisième du 11 avril 1924 [4].

Des deux premiers arrêts, rendus en appel de décisions de Conseils de Préfecture, qui avaient déclaré non imposable, en se basant sur la jurisprudence civile, la distribution de réserves sous forme d'actions, il ressort que l'impôt général sur le revenu n'est dû par l'actionnaire que s'il a disposé de sa part de réserves, c'est-à-dire s'il a eu seulement la faculté de souscrire à l'augmentation de capital, en employant librement cette part à la libération de ses nouveaux titres. Si, au contraire, la transformation est imposée aux actionnaires, si de plus ceux-ci n'ont pas la libre disposition des actions gratuites à eux attribuées, lesquelles doivent rester à la souche pendant un laps de temps déterminé, il n'y a plus qu'une opération comptable, et l'actionnaire ne reçoit pas de sommes ou de valeurs susceptibles de constituer un revenu imposable.

Dans la première espèce, il y avait distribution de réserves et droit de préférence accordé aux porteurs d'actions anciennes pour la souscription d'actions nouvelles, qu'ils pouvaient payer

---

1. Allix et Lecerclé, *op. cit.*, t. II, pp. 169 à 178.
2. *Recueil périodique Dalloz*, 1923, **3**, 9.
3. *Gazette du Palais*, 2 février 1924.
4. *Journal des Sociétés*, janvier 1925.

sur leur part de réserves. Le Conseil d'État a décidé que l'impôt général sur le revenu était dû, puisque l'actionnaire avait disposé librement de sa part de réserves.

Dans le second cas, où il y avait attribution d'office et gratuite d'actions nouvelles, attribution en tous points analogues à celle résultant d'une valorisation d'actif, le Conseil d'État a conclu à la non imposition. Mais en outre de cette transformation obligatoire, des restrictions avaient été imposées par les statuts pour la transmission des actions nouvelles, et l'on peut se demander, dans ces conditions, si le Conseil d'État a entendu subordonner à l'existence d'une telle clause, l'exemption de l'impôt général sur le revenu. La rédaction ambiguë de l'arrêt du Conseil d'État laisse planer un doute sur ce point. En effet, il est ainsi conçu dans sa partie essentielle :

« Considérant que si la décision de l'assemblée générale des actionnaires des Établissements D., du 10 décembre 1917, a eu pour conséquence de faire passer dans le patrimoine des actionnaires, sous forme d'actions nouvelles, pour l'acquisition desquelles ils n'ont eu aucun versement à effectuer de leurs deniers personnels, une partie des bénéfices sociaux accumulés aux cours des années antérieures et mis en réserve, il résulte de l'instruction et notamment de la décision précitée et des statuts de la société que, dans l'espèce, la somme de x francs correspondant à la quote-part revenant au sieur R. D. dans les réserves affectées à l'augmentation de capital, décidée par l'assemblée générale, n'a été, à aucun moment, mise effectivement à sa disposition et que ce contribuable, à raison des conditions restrictives imposées par les statuts pour la transmission des actions de la société, n'avait pas la faculté de céder librement les nouveaux titres qui lui étaient délivrés en représentation de sa part des réserves; que, dès lors, le sieur R. D. n'a, par suite de l'attribution qui lui a été faite, dans les circonstances ci-dessus spécifiées, d'actions émises en exécution de la décision précitée, disposé, au sens de l'article 10 de la loi du 15 juillet 1914, ni de sommes, ni de valeurs constituant un revenu rentrant dans les sources de revenus énumérées à l'article 10 de ladite loi et à l'article 1er du décret du 17 janvier 1917 ; qu'il résulte de ce qui précède, que c'est à bon droit que le Conseil de Préfecture du département de.... a décidé que les actions nouvelles d'une valeur nominale de.... remises au sieur R. D. en 1917, ne devaient pas entrer en compte pour la détermination du revenu de ce contribuable, en vue de son assujettissement à l'impôt général sur le revenu en 1918 [1]. »

S'il subordonne l'exemption de la taxe à l'existence de clauses restrictives de la libre cessibilité des titres, cet arrêt est critiquable, car il ne peut échapper à la haute juridiction qu'une action ne peut être déclarée à jamais incessible, et que la clause des statuts qui en disposerait ainsi serait nulle. D'autre part, si certaines conditions sont simplement mises à la transmission, on ne peut pas dire que l'actionnaire n'aurait pas pu malgré tout réaliser son titre, s'il l'avait voulu. Il ne faut donc voir, dans la décision du Conseil d'État, qu'un motif surabondant en faveur de la non imposition, plutôt qu'une condition nécessaire. Cette décision d'ailleurs crée un moyen facile d'évasion, car il suffira d'insérer dans les statuts lors de l'augmentation de capital, que les actions nouvelles seront incessibles pendant une année, pour que l'actionnaire n'ait pas à les déclarer dans le revenu de l'année où il les a reçues, et il n'aura pas davantage à les déclarer dans le revenu de l'année suivante quand elles deviendront librement cessibles, puisqu'elles ne feront pas partie du revenu encaissé cette année-là.

Pour terminer l'examen de cette jurisprudence, nous devons noter qu'elle méconnaît la réalité financière de l'augmentation de capital par incorporation des réserves, en assimilant la remise d'actions à une répartition de ces réserves. La remise des titres nouveaux ne fait passer, en effet, aucune valeur du patrimoine de la société aux mains de l'actionnaire, puisque l'action nouvelle jointe à l'ancienne ne représentent toujours, à elles deux, que la

---

1. *Recueil des Questions fiscales*, 1923, p. 89.

même quote-part de l'actif social, que représentait déjà, à elle seule, l'action ancienne.

L'incorporation au capital social des plus-values d'actif provenant d'une valorisation, présente les mêmes caractères qu'une transformation obligatoire des réserves en capital; nous pourrons donc conclure que si elle se réalise par la création d'actions nouvelles, distribuées gratuitement aux actionnaires, ceux-ci n'auront aucunement à faire figurer le montant de ces nouveaux titres, dans la déclaration de leur revenu global imposable. Si l'on décide, d'autre part, d'élever simplement le nominal des titres anciens, la solution paraît encore plus certaine; l'actionnaire ne recevant rien, ni sommes d'argent, ni titres nouveaux, il ne saurait y avoir imposition. L'estampille apposée sur le titre constate simplement que ce titre qui représentait 1/10 000ᵉ du capital, et qui était étiqueté 100 francs, quand ce capital était de 1 000 000 de francs, vaut et est étiqueté 500 francs, lorsque ce capital est porté à 5 000 000.

En résumé, les conséquences fiscales de la valorisation suivie d'une augmentation de capital, en l'état actuel de la doctrine administrative et de la jurisprudence, sont les suivantes :

1° Pour la société, imposition de la plus-value nominale d'actif à l'impôt sur les bénéfices industriels et commerciaux (actuellement 15 0/0).

2° Pour les actionnaires, taxation de la plus-value à l'impôt sur le revenu des valeurs mobilières, créé par la loi du 29 juin 1872 (actuellement 18 0/0), mais exonération de l'impôt général sur le revenu, créé par la loi du 15 juillet 1914.

L'importance même des taxes prélevées nous montre que de telles solutions ne sauraient être maintenues plus longtemps, et qu'il faut exiger du législateur, en même temps qu'une prompte stabilisation, des mesures propres à garantir les entreprises contre les prétentions exorbitantes de l'Administration fiscale.

Section V. — APPLICATION PRATIQUE
DE LA VALORISATION D'UN BILAN
SUIVIE D'UNE AUGMENTATION DE CAPITAL

Dans les développements qui précédent, nous avons supposé une stabilisation réalisée dans les conditions les plus simples pour l'économie du pays, c'est-à-dire par une dévaluation du franc, sans démonétisation, ni création d'une unité monétaire de valeur supérieure au franc stabilisé. Cette stabilisation définissant, par exemple, le franc un poids d'or cinq fois moindre qu'en 1914, correspondant au dollar à 25 fr. 91, la valorisation entraînera un accroissement nominal de l'actif des entreprises d'avant guerre, et nécessitera parallèlement une élévation de leur capital.

Comment sera dégagée pratiquement la plus-value en comptabilité, et comment sera-t-elle incorporée au capital? C'est ce que nous allons examiner, en appliquant au bilan ci-dessous les opérations de valorisation.

Bilan au 31 décembre 1928.

ACTIF   PASSIF

ACTIF		PASSIF	
Terrains et bâtiments . .	6 450 000	Capital	20 000 000
Matériel et outillage . . .	4 100 000	Réserve légale.	785 000
Participations financières.	4 695 000	Réserves diverses	5 200 000
Matières premières. . .	10 000 000	Amortissements	2 500 000
Produits fabriqués ou mi-		Bons et obligations. . . .	12 500 000
fabriqués	20 200 000	Créditeurs divers	39 500 000
Clients	31 350 000		
Titres en portefeuille. . .	1 900 000	Profits et Pertes	4 010 000
Disponibilités	5 800 000		
	84 495 000		84 495 000

Seuls, doivent être valorisés dans ce bilan les postes fixes, désignant des valeurs indépendantes de l'unité qui les mesure, savoir : les immobilisations, les participations financières pour autant qu'elles représentent des biens réels, et les matières premières. Quant aux produits fabriqués, nous supposerons leur stock récent, et sans plus-value sensible au jour de la stabilisation ; ils seront donc maintenus pour un même montant au bilan valorisé.

Dressons ce bilan, après avoir ajusté au préalable en francs stabilisés les postes ci-après :

Terrains et bâtiments.

DÉBIT		CRÉDIT	
Montant des terrains et bâ-timents au 31 décembre avant valorisation . . .	6 450 000	Balance à inscrire au bilan valorisé.	14 250 000
à Résultat de la valorisa-tion (majoration à passer en écritures)	7 800 000		
	14 250 000		14 250 000
Réouverture du compte au 1er janvier	14 250 000		

La valeur des immeubles réévalués se trouvant arrêtée à 14 250 000 francs, c'est cette somme qu'il convient d'inscrire au nouveau bilan. Mais comme les dits immeubles étaient portés à l'actif pour 6 450 000 francs, il y a lieu de débiter le compte « Terrains et bâtiments » de la différence, soit de 7 800 000 francs, par le crédit d'un compte « Résultat de la valorisation », que nous ouvrirons pour enregistrer toutes les modifications à apporter à l'actif de la société.

Amortissement des bâtiments.

DÉBIT		CRÉDIT	
à Résultat de la valorisa-tion (majoration à passer en écritures)	500 000	Montant des amortissements pratiqués au 31 décembre avant valorisation . . .	500 000
	500 000		500 000

Dans le total des amortissements, celui des bâtiments figurait pour 500 000 francs, mais l'expertise faite pour déterminer la valeur actuelle de ces bâtiments tenant compte de leur état de vétusté,

il n'y a pas lieu de maintenir leur amortissement au passif.
Nous les contrepasserons en conséquence, par crédit au compte
« Résultat de la valorisation », et cette écriture fera apparaître que
la plus-value des immeubles n'est pas de 7 800 000 francs seulement, mais bien de 8 300 000 (7 800 000 + 500 000). Il n'y a pas
là, bien entendu, mise d'un amortissement à la disposition des
actionnaires en vue d'augmenter le capital social — ce qui serait
irrégulier puisque les amortissements ont précisément pour but
de maintenir intact ce capital — mais simplement annulation
d'un amortissement devenu sans objet, par suite de la valorisation
des bâtiments à leur valeur actuelle.

Matériel et outillage.

DÉBIT		CRÉDIT	
Montant du matériel et de l'outillage au 31 décembre avant valorisation .	4 100 000	Balance à inscrire au bilan valorisé.	11 300 000
à Résultat de la valorisation (majoration à passer en écritures)	7 200 000		
	11 300 000		11 300 000
Réouverture du compte au 1ᵉʳ janvier	11 300 000		

Amortissement du matériel et de l'outillage[1].

DÉBIT		CRÉDIT	
Balance à inscrire au bilan valorisé.	5 500 000	Montant des amortissements pratiqués au 31 décembre avant valorisation. . . .	2 000 000
		Par Résultat de la valorisation (complément d'amortissements à passer en écritures)	3 500 000
	5 500 000		5 500 000
		Réouverture du compte au 1ᵉʳ janvier	5 500 000

1. Un procédé rationnel consisterait à virer, avant la valorisation, le montant des

Le matériel et l'outillage ayant été évalués en francs stabilisés 11 300 000 francs, nous débiterons le compte « Matériel et outillage » de la plus-value apparente de 7 200 000 francs, par crédit au compte « Résultat de la valorisation ». Mais cette opération, si elle a été faite par l'application au prix d'achat du matériel, du coefficient de dévaluation du franc, ne peut avoir pour effet de faire revivre un matériel usagé, qui devrait être amorti complètement ou en partie. Si l'on négligeait de rétablir au passif les amortissements correspondant au matériel et à l'outillage dépréciés, la valorisation aboutirait à une majoration d'actif.

Il convient donc d'augmenter le poste « Amortissements », d'une somme suffisante pour comptabiliser au passif la dépréciation réelle des immobilisations ; si nous supposons cette somme de 3 500 000 de francs, le compte « Résultat de la valorisation » sera débité de ce montant.

Participations financières.

DÉBIT			CRÉDIT	
Montant des participations au 31 décembre avant valorisation	4 695 000		Balance à inscrire au bilan valorisé.	7 100 000
à Résultat de la valorisation (majoration à passer en écritures)	2 405 000			
	7 100 000			7 100 000
Réouverture du compte au 1er janvier	7 100 000			

Pour les participations, nous avons supposé la valorisation du bilan de chacune d'elles effectuée au préalable, et la plus-value en ressortant de 2 405 000 francs.

amortissements au crédit des immobilisations, ce qui permettrait de faire ressortir pour chacune d'elles, en une seule somme, la majoration y afférente ; par suite, le bilan valorisé ne comporterait plus d'amortissements au passif, ceux-ci se trouvant directement déduits des postes de l'actif. Dans l'exemple ci-dessus, nous avons supposé que la société préférait maintenir au passif son compte « Amortissements ».

Matières premières.

DÉBIT — CRÉDIT

Montant des matières premières au 31 décembre avant valorisation . . .	10 000 000	Par Résultat de la valorisation (moins-value à passer en écritures) . .	1 670 000
		Balance à inscrire au bilan valorisé.	8 330 000
	10 000 000		10 000 000
Réouverture du compte au 1er janvier	8 330 000		

Quant au poste « Matières premières », il présente, à l'inverse des précédents, une moins-value de 1 670 000 francs ; la plus grande partie des stocks, en effet, ayant été achetée alors que le dollar cotait 30 francs et plus, il convient d'enregistrer la baisse qu'ils ont subie par suite de la revalorisation du franc à 20 centimes-or, taux supposé de la stabilisation. Nous inscrirons donc au débit de « Résultat de la valorisation » 1 670 000 francs.

Après tous ces redressements, le compte « Résultat de la valorisation » se soldera par 12 735 000 francs, savoir :

Résultat de la valorisation.

DÉBIT — CRÉDIT

à Amortissement du matériel et de l'outillage. . .	3 500 000	Par Terrains et bâtiments .	7 800 000
à Matières premières . . .	1 670 000	Par Amortissement des bâtiments	500 000
Balance représentant la plus-value	12 735 000	Par Matériel et outillage. .	7 200 000
		Par Participations financières	2 405 000
	17 905 000		17 905 000

et le bilan valorisé se présentera comme suit :

Bilan au 31 décembre.

ACTIF		PASSIF	
Terrains et bâtiments . .	14 250 000	Capital	20 000 000
Matériel et outillage . . .	11 300 000	Réserve légale.	785 000
Participations financières.	7 100 000	Réserves diverses	5 200 000
Matières premières. . . .	8 330 000	Amortissements	5 500 000
Produits fabriqués ou mi-		Bons et Obligations . . .	12 500 000
fabriqués	20 200 000	Créditeurs divers	39 500 000
Clients	31 350 000	Profits et Pertes	4 010 000
Titres en portefeuille. . .	1 900 000	*Résultat de la valorisation.*	12 735 000
Disponibilités	5 800 000		
	100 230 000		100 230 000

La valorisation étant effectuée à la fin de l'exercice social, ce bilan rectifié sera soumis à l'assemblée générale ordinaire, en même temps que les comptes de l'exercice clos. Il sera toutefois nécessaire de préciser, dans l'ordre du jour accompagnant la convocation des actionnaires, que l'assemblée aura à approuver les résultats de la valorisation et la rectification des comptes.

Pendant les quinze jours qui précéderont la réunion de l'assemblée, toutes les pièces justificatives des opérations de réévaluation : inventaires, rapports des experts, détails des conversions, etc., devront être mises à la disposition des actionnaires au siège social. L'assemblée générale votera alors une résolution approuvant le quantum de la valorisation.

Cette première opération terminée, une assemblée générale extraordinaire qui devra réunir cette fois les trois quarts du capital social (la moitié lors d'une deuxième assemblée, ou le tiers dans une troisième assemblée), votera l'augmentation du capital. Cette augmentation ne résultant pas d'une souscription volontaire, sera parfaite juridiquement par sa seule délibération, sans l'accomplissement des formalités habituelles de l'augmentation de capital. C'est ce que reconnaît expressément M. Thaller et ce que décide également M. Houpin, dans l'hypothèse où il admet que la transformation des réserves en actions, autorisée par les statuts, ne se décompose pas en deux opérations distinctes [1].

Dans l'exemple que nous avons pris, la société pourrait limiter son augmentation de capital aux 12 735 000 francs ressortant de la valorisation, et le porter par conséquent à 32 735 000 francs, en laissant intactes les réserves.

Il ne faut pas oublier, toutefois, que ces réserves ont été prélevées sur des bénéfices en grande partie fictifs, parce que nés de l'inflation monétaire ; elles n'ont fait en somme que protéger le capital social, en restreignant la distribution de ces bénéfices, aussi est-il plus juste qu'elles retournent dans ce capital, au lieu de rester à la disposition des actionnaires, dans les comptes de réserves. Peut-être même n'arrivera-t-on pas, en les réintégrant. au capital, à reconstituer la valeur primitive des apports.

Si les 20 millions de francs, figurant au capital de notre bilan de démonstration, représentaient 12 500 000 francs-or au moment de leur souscription et de leur versement, c'est à une somme de 62 500 000 francs que ce capital devrait s'élever en francs stabilisés, sur la base du coefficient 5. Ajoutons à ce capital nominal de 20 millions de francs, le résultat de la valorisation (12 735 000 fr.) et les réserves (5 200 000 fr. [2]) ; il ne se totalisera en définitive que par 37 935 000 francs, soit bien au-dessous de sa valeur originaire. Si l'on adoptait ce chiffre, l'augmentation de capital ressortirait à 17 935 000 francs, et représenterait la création de 35 870 actions nouvelles de 500 francs ; mais il serait pratiquement impossible de les répartir entre les 40 000 actions anciennes, chaque action ancienne donnant droit à 896 millièmes 3/4 d'action nouvelle. Si l'on se bornait, d'autre part, à modifier le nominal des actions anciennes, il se chiffrerait par 948 fr. 375, ce qui serait en désaccord avec la loi sur les sociétés, puisqu'elle exige que le nominal

---

1. Jean Michel, *Recueil juridique des Sociétés*, 1925, pp. 27 et 33.
2. Il nous a semblé préférable de ne pas y comprendre la réserve légale et de la laisser apparente au bilan valorisé, puisqu'elle représente des prélèvements obligatoirement opérés sur les bénéfices des exercices passés (voir à ce sujet : Charpentier, *op. cit.*, p. 295).

des actions soit un multiple de 100, lorsque le capital est supérieur à 200 000 francs.

Deux solutions se présentent alors : ou porter à 900 francs le nominal des titres existants, en laissant dans les réserves 1 935 000 francs; le bilan deviendrait dans ce cas :

ACTIF		PASSIF	
Actifs divers	100 230 000	Capital.	36 000 000
		Réserve légale	785 000
		Réserves diverses. . . .	1 935 000
		Passifs divers	57 500 000
		Profits et pertes	4 010 000
	100 230 000		100 230 000

ou prélever sur les bénéfices de l'exercice, une somme suffisante pour arrondir les réserves diverses à 7 265 000 francs, permettant la distribution, à chaque action ancienne, d'une action nouvelle de 500 francs; le bilan se présenterait comme suit :

ACTIF		PASSIF	
Actifs divers	100 230 000	Capital.	40 000 000
		Réserve légale	785 000
		Passifs divers	57 500 000
		Profits et Pertes	1 945 000
	100 230 000		100 230 000

La seconde solution paraît préférable, car elle évite de fixer aux actions une valeur nominale peu courante; elle augmente d'autre part le nombre de titres en circulation, et en facilite par conséquent le marché.

Ce ne sont là évidemment que des indications, susceptibles de varier suivant les circonstances, et il appartiendra à chaque entreprise d'adapter à son cas particulier, les modalités de la valorisation.

Cette étude ne serait pas complète, si nous n'envisagions la situation des entreprises nées sous le règne de l'instabilité monétaire et de l'inflation.

Artificiellement gonflés dès leur ouverture, les postes actifs et passifs du bilan de ces entreprises ne pourront être maintenus pour leur montant originaire, si la stabilisation du franc a été précédée d'une revalorisation importante. Leur revision en effet s'imposera impérieusement, si l'on admet qu'une majoration d'actif est plus grave qu'une sous-évaluation, et elle fera apparaître, pour la plupart de ces entreprises, une dépréciation de leur capital.

Soit le bilan ci-dessous d'une société constituée alors que le franc valait 20 centimes-or :

ACTIF   PASSIF

Immobilisations	1 800 000	Capital.	6 000 000
Stocks.	4 500 000	Créditeurs	3 800 000
Actifs monétaires. . . .	3 500 000		
	9 800 000		9 800 000

Envisageons l'hypothèse d'une stabilisation sur la base de 30 centimes-or. La valorisation de ce bilan se traduira, si l'on suppose que la valeur des biens a baissé en proportion de la hausse du franc, par une dépréciation de 2 100 000 francs; les immobilisations, en effet, ne vaudront plus que 1 200 000 francs, et les stocks 3 000 000 de francs :

$$1\ 800\ 000 \times 20 \text{ centimes-or} = 360\ 000 \text{ francs-or}$$

$$\frac{360\ 000}{0,30} = 1\ 200\ 000.$$

$$4\ 500\ 000 \times 20 \text{ centimes-or} = 900\ 000 \text{ francs-or}$$

$$\frac{900\ 000}{0,30} = 3\ 000\ 000.$$

Le nouveau bilan s'établira comme suit :

ACTIF   PASSIF

Immobilisations	1 200 000	Capital.	6 000 000
Stocks.	3 000 000	Créditeurs	3 800 000
Actifs monétaires. . . .	3 500 000		
Dépréciation du capital .	2 100 000		
	9 800 000		9 800 000

En présence de cette situation, la société se trouvera dans l'alternative, ou d'amortir la moins-value de son actif à l'aide des bénéfices des années à venir, ou de procéder à la réduction de son capital. Il est évident que cette dernière solution est la meilleure, puisque la première équivaudrait à supprimer pendant une période peut-être longue toute distribution de dividendes.

La valorisation des bilans n'est pas restée dans le domaine de la théorie, mais elle est passée dans les faits, à la suite des troubles monétaires engendrés par la guerre mondiale. Pour financer les hostilités, puis pour reconstituer leurs stocks épuisés et leurs régions dévastées, les États européens ont dû recourir à des émissions répétées de papier-monnaie, et ils ont ainsi détruit peu à peu l'étalon idéal des échanges et des transactions. C'est alors que les lois monétaires ont imposé aux nationaux le respect des équivalences fictives : le franc égale un franc, le mark égale un mark, la couronne égale une couronne, jusqu'au jour où leur monnaie étant tombée à zéro, ils ont dû, sur les ruines de la faillite, rebâtir de toutes pièces un nouveau système monétaire basé sur l'or. L'Autriche, l'Allemagne puis la Pologne, à ne citer que les pays les plus importants, ont ainsi connu, après la chute, l'assainissement réclamé par toutes les forces productives de la nation. La Belgique, instruite par l'expérience et considérant qu'une monnaie saine est la condition essentielle de tout redressement et de toute prospérité économique, a procédé à la stabilisation de son franc meurtri, sans attendre une chute plus profonde, ni espérer une revalorisation, ruineuse pour la production. L'Italie elle-même, qui semblait vouloir se tourner vers la revalorisation de sa monnaie, a compris la nécessité d'une réforme et stabilisé la lira, après que ses gouvernants eussent déclaré toute dévaluation incompatible avec le prestige national, et imposé de lourds sacrifices à l'économie privée.

Les commerçants et les industriels, qui partout aspiraient à la stabilité monétaire, et qui, devant la carence de l'État, avaient adopté les monnaies appréciées : dollars ou livres, pour traiter leurs opérations, même à l'intérieur du pays, avaient déjà créé, en marge de leur comptabilité officielle, une comptabilité auxiliaire destinée à les renseigner sur la situation réelle de leur entreprise. La stabilisation monétaire accomplie, il restait à redresser la comptabilité officielle et à procéder à la valorisation des bilans déséquilibrés. Comment ces opérations furent-elles réalisées? C'est ce que nous exposerons brièvement pour la Pologne, où l'autorité publique a elle-même prévu et réglementé la revision des bilans, et pour la Belgique qui, jusqu'à présent, s'est contentée, par des exonérations fiscales, de faciliter cette opération.

CHAPITRE I

LA VALORISATION DES BILANS EN POLOGNE

Dès le 11 août 1923, la Pologne, par une loi instituant une contribution exceptionnelle sur le capital de 1 milliard de francs-or, c'est-à-dire de 1 milliard de zlotys — le zloty étant défini, au point de vue monétaire, comme l'ancien franc-or français — la Pologne, dès cette date, décrétait la mort de sa monnaie de papier, en tant qu'unité de compte. Puis, ce fut la loi du 6 décembre 1923, qui décida le paiement de tous les impôts en zlotys-or, dont la valeur était calculée journellement par rapport au cours du dollar et promulguée par le Gouvernement lui-même; cette perception en or s'appliquait en même temps aux recettes des chemins de fer, des postes et télégraphes et à toutes les recettes industrielles ou financières du Gouvernement.

La réforme définitive fut enfin accomplie à partir de décembre 1923, lorsque le Président de la République eut appelé au ministère des Finances, M. Grabski qui, en deux ou trois mois, mena à bien les opérations de stabilisation.

Le cours du zloty ayant été définitivement arrêté à 1 800 000 marks-papier, et une nouvelle banque d'émission ayant ouvert ses guichets le 10 mars 1924, on procéda à l'échange des marks-papier contre des billets en zlotys au cours ci-dessus, les dettes pouvant être, jusqu'en août 1924, payées indifféremment soit en nouveaux zlotys, soit en vieux billets libellés en marks-polonais. A partir du 1er août, le mark disparaît et seul le zloty continue à circuler[1].

On conçoit, dans ces conditions, que les bilans de toutes les sociétés polonaises ne pouvaient plus avoir aucune valeur pratique, et qu'une des premières initiatives officielles, prises dans ce domaine, ait consisté à rendre obligatoire l'établissement de bilans-or, pour tous les individus ou sociétés astreints à tenir une comptabilité. Dès le 25 juin 1924, un décret du Président de la République prescrivait d'établir, au plus tard le 1er janvier 1925, un inventaire et un bilan d'ouverture en zlotys[2]. La législation ayant laissé aux intéressés le libre choix entre différents systèmes de valorisation, l'industrie dans la majorité des cas, a appliqué le système suivant :

Les comptes de valeurs actives, représentant des existences matérielles, savoir les immeubles, les machines, les installations, les mobiliers, etc., étaient valorisés au cours du franc-or, au moment de leur acquisition, sans toutefois dépasser leur valeur marchande. En cas de difficulté dans cette valorisation, des commissions départementales fixaient la valeur de ces actifs. Les comptes de résultats (frais généraux, intérêts, commissions, etc.), et les comptes de marchandises, matières premières, produits fabriqués ou mi-fabriqués, les devises, les titres, etc., étaient valorisés, en appliquant pour l'année écoulée, soit le cours du jour de chaque opération, soit le cours moyen de chaque mois ; les soldes des comptes « Caisse », « Débiteurs et Créditeurs », suivant le cours de 1 800 000 marks pour 1 zloty ; les soldes des comptes représentant des actifs ou passifs en devises étrangères, suivant la valeur réelle de ces soldes.

Ainsi établis, les bilans ne tenaient pas compte des capitaux propres des sociétés, qui n'entraient pas par conséquent dans leur passif. On obtenait de cette façon un excédent de l'actif sur le

---

1. Le zloty, qui n'était encore qu'une monnaie de papier, insuffisamment garantie par de l'or, s'est considérablement déprécié depuis 1924, et le Gouvernement polonais vient de procéder tout dernièrement à une nouvelle stabilisation monétaire.
2. *Bulletin des lois de la République Polonaise*, n° 55, du 30 juin 1924.

passif, qui représentait précisément le total de ces capitaux propres à l'affaire, et que l'assemblée générale répartissait entre les nouveaux postes du passif : capital social, de réserve, ou d'amortissement.

Le capital initial (en actions ou participations) pouvait atteindre dans le bilan d'ouverture en zlotys, la somme provenant de l'évaluation en zlotys du capital originairement versé, en appliquant les cours des dates de souscription, sans pouvoir cependant dépasser ce montant, sauf à l'arrondir de 10 0/0 au maximum. (Décret du 25 juin 1924, § 5, 2° et 3°.)

Les principes adoptés aboutissaient en somme à interdire aux sociétés de faire état des plus-values réelles d'actif, puisque le capital ne pouvait dépasser la valeur-or des versements initiaux.

Ainsi déterminé, ce capital était partagé en actions dont la valeur nominale devait au moins représenter un montant de 10 zlotys, et l'actionnaire qui pour le nombre de ses actions, avait le droit d'obtenir une fraction de la nouvelle action en zlotys, devait recevoir un coupon de cette action, représentant la valeur nominale correspondante, et ceci au porteur. Ce coupon, toutefois, ne donnait nullement droit au possesseur de prendre part aux assemblées générales, de jouir des privilèges appartenant aux possesseurs d'actions entières, mais il lui donnait par contre le droit de participer aux bénéfices de la société, aux nouvelles émissions, et, dans le cas de liquidation de la société, d'avoir une quote-part de ses biens. (Décret du 25 juin 1924, § 8 et 9.)

En outre de cette réglementation précise, le Gouvernement polonais, dans le décret du 25 juin 1924, se préoccupait des conséquences fiscales de la valorisation, envisageant successivement les cas où pour la fixation de l'impôt sur les revenus de 1924, les bilans avaient été établis en zlotys ou en polmarks (§ 36 et 37). En ce qui concerne enfin l'évaluation du capital social, l'exemption des impôts d'émission et de Bourse était acquise pour toutes les sommes ne dépassant pas de plus de 10 0/0 la valeur-or du capital initial. (§ 38, 2° et § 40.)

Toute cette législation, en somme, qui a été basée sur les précédents allemand[1], français (bassin de la Sarre) et dantzickois, mais qui a été plus logique et plus élastique que ces précédents, a mérité l'approbation du commerce et de l'industrie. Sans doute peut-on dire aujourd'hui qu'elle a péché, au point de vue de l'économie politique, par un excès de rapidité; mais se souvenant du chaos dans lequel l'inflation et l'absence de monnaie avaient conduit la Pologne en 1924, on ne peut qu'admirer sans restriction la hardiesse de la réforme accomplie et l'énergie de son promoteur.

1. Raffegeau et Lacout, *op. cit.*, pp. 118 et suivantes.

CHAPITRE II

LA VALORISATION DES BILANS EN BELGIQUE

La réforme monétaire et les problèmes soulevés en Belgique par la revision des bilans, doivent retenir particulièrement notre attention, car notre stabilisation sera probablement réalisée dans des conditions analogues à celle de la stabilisation belge, c'est-à-dire par une dévaluation de notre unité monétaire et sa consolidation à une parité déterminée du dollar.

La Belgique, comprenant qu'un pays ne pouvait travailler et prospérer avec une monnaie tantôt en baisse, tantôt en hausse, a décrété la stabilisation le 25 octobre 1926 et l'a parfaitement réussie, en consolidant la valeur du franc belge à la parité de 35,96 pour un dollar ou de 174,31 pour une livre, après avoir, au préalable, par une série de mesures financières appropriées, assuré son système monétaire d'une base or large et solide. Et pour traduire dans la cote des changes l'assainissement opéré, en même temps que pour doter le pays d'une unité de mesure plus forte, le belga, multiple 5 du franc belge, était créé, et le taux de stabilisation déterminé en belga, sur la base d'un poids d'or fin de 0 gr. 209 211.

Les deux unités, franc belge et belga, faisant partie du même système monétaire et coexistant l'une à côté de l'autre, le passage d'une monnaie instable à une monnaie saine, n'a amené dans les comptabilités aucune perturbation; les bilans établis en francs belges ont pu être maintenus en francs belges, et leurs postes sont restés mesurés par le même montant qu'avant la stabilisation. La situation en Belgique n'était donc pas la même que dans les pays comme l'Allemagne et la Pologne, où la chute rapide de la monnaie, en détruisant l'étalon des valeurs, avait rendu nécessaire une valorisation immédiate de tous les bilans. On a néanmoins pensé, la stabilisation une fois accomplie, qu'un nouveau problème se posait, tout aussi pressant pour le commerce et l'industrie, savoir l'établissement de bilans en francs stabilisés.

Déjà, au moment de la grande dévalorisation du franc belge, c'est-à-dire vers le milieu de 1926, l'idée s'était de plus en plus fortement imposée à tous les esprits que la confection de bilans-or était indispensable, pour permettre aux industriels de juger sainement de la situation de leurs entreprises. Mais il s'agissait là d'écritures purement privées, d'un travail extra-comptable n'affectant ni les publications légales, ni les rapports avec le fisc. Ces bilans-or d'ailleurs, nous l'avons vu, ne pouvaient donner qu'une idée très approximative, parce qu'exagérés dans leur pessimisme, de la situation des entreprises, et les sociétés qui auraient voulu retrouver en francs-or l'intégralité de leur capital originaire, se seraient vues contraintes de suspendre pendant longtemps toute distribution de dividendes. Les bilans-or, par conséquent, bien propres à montrer l'appauvrissement général né de la guerre et de ses ruines, et à commander la prudence aux chefs d'entreprises et aux conseils d'administration, ne pouvaient servir de base officielle dans les rapports entre actionnaires.

Mais s'il n'avait pas été possible de dresser des bilans officiels en francs-or, on avait du moins essayé, bien avant la stabilisation, de rétablir l'harmonie rompue dans les bilans par une réévaluation en francs-papier, des actifs comptabilisés en francs d'avant-guerre et additionnés dans les écritures, avec des francs dépréciés de 1919, 1920, 1921, etc. Dans le but de faciliter ces ajustements, une loi belge du 3 mars 1919-2 juillet 1920 (art. 16) stipulait que ne seraient pas considérées comme des bénéfices imposables « les plus-values constatées à la suite de la revision des inventaires et bilans, à raison de la réévaluation des biens mobiliers ou immobiliers possédés avant le 1er janvier 1920, ou d'indemnités attribuées à titre de réparations de dommages de guerre ». Ces réévaluations d'actif réalisées par certaines entreprises, dès avant la réforme monétaire, sont apparues d'une plus grande utilité encore après cette réforme. Et si, comme cela est probable, le belga créé pour les rapports internationaux pénètre aussi dans la circulation intérieure, toutes les entreprises se trouveront amenées à dresser leurs bilans en belgas, d'autant plus que cette unité monétaire, d'une valeur supérieure au franc belge, sera certainement d'un emploi plus pratique dans les comptabilités. Il y aura donc dans les bilans un dégonflement de tous les postes, puisque cinq francs belges égalent un belga; mais avant d'opérer cette conversion, il sera forcément indispensable de procéder, au préalable, à une valorisation en francs stabilisés, des actifs immobilisés et des marchandises, représentés jusqu'à présent par des francs de toutes valeurs.

Aucune loi n'a imposé en Belgique la revision des bilans, malgré la tendance opposée qui a paru prévaloir dans la presse financière, et à laquelle M. Theunis a apporté l'appui de sa haute autorité dans une conférence faite au Palais des Académies, le 19 janvier 1927. L'intervention du Gouvernement s'est bornée à assurer sous certaines conditions aux opérations d'ajustement, l'immunité fiscale nécessaire pour en permettre la réalisation sans dommage, à tous ceux qui jugeraient opportune la revision de leur bilan.

Complétant les instructions des 4 octobre et 12 novembre 1920 qui, sous certaines restrictions, permettaient l'inscription au passif, en exemption d'impôt, des plus-values sur immeubles et sur portefeuille, une circulaire adressée en avril 1927 par le Ministre des Finances aux Directeurs des Contributions Directes, précise que les bilans de réadaptation pourront également comprendre une plus-value sur approvisionnements, matières brutes ou en fabrication, et produits fabriqués. Le régime prévu s'applique aux bilans clôturés du 30 juin 1926 au 30 juin 1927, et pour les redevables dont les bilans seraient déjà arrêtés, la réserve de plus-value peut, sur leur demande, être constituée dans leur plus prochain bilan.

Ce qu'il y a surtout d'intéressant dans cette circulaire, c'est le mode de calcul de la plus-value exonérée.

[1] « La plus-value immunisée est fixée à la moitié du montant de l'inventaire dressé fin 1925 ou au début de 1926, ce qui représente approximativement la mesure de la dévalorisation du franc de fin 1925 à fin 1926.

« D'autre part, ladite réserve de plus-value ne sera immunisée d'impôt que pour autant :

« 1° Que la plus-value ou une réserve antérieure ne soit pas distribuée ou répartie;

« 2° Qu'elle n'ait pas servi de base au calcul des rémunérations du personnel ou des membres du Conseil d'administration;

« 3° Que les approvisionnements de 1925 appartiennent en propre au redevable.

« En effet, pour le redevable qui a acquis ses approvisionnements par voie d'emprunt ou de crédit, la plus-value sera en partie un bénéfice, vu qu'il s'est libéré ou reste débiteur, en francs dépréciés; dans cette éventualité, la plus-value à immuniser devra être calculée sur le montant des approvisionnements à l'inventaire dressé fin 1925 ou au début de 1926, déduction faite au préalable de la partie du passif envers les tiers qui dépasse l'actif en caisse, en banque, et les créances du redevable. »

Deux exemples, donnés dans la circulaire même, illustrent cette façon de procéder :

« Le bilan au 31 décembre 1925 comprend 100 000 francs d'approvisionnements, et les dettes envers les tiers sont compensées ou dépassées par les éléments d'actif liquides (caisse, banque, créances); la plus-value sur approvisionnements au bilan du 31 décembre 1926 sera calculée sur l'intégralité du poste appro-

---

1. Nous empruntons ce texte au *Soir* du 8 avril 1927.

visionnements, de 100 000 francs au 31 décembre 1925, et s'élèvera à 50 000 francs, soit à la moitié de ce poste.

« Lorsque les dettes envers les tiers (obligations ou hypothèques 50 000 francs ; banquiers 25 000 ; créanciers 10 000 = 85 000 francs) dépassent les éléments d'actif liquides (caisse 10 000 ; banque 25 000 ; débiteurs 10 000 = 45 000 francs), l'excédent des dettes ou 40 000 francs, est censé grever le poste approvisionnements, et dans ce cas, la plus-value à immuniser de l'impôt devra être calculée sur 100 000 francs moins 40 000 = 60 000, et représentera dès lors 30 000 francs, soit la moitié. »

La justesse de ce calcul se démontre facilement, si l'on ramène les chiffres ci-dessus à une commune mesure, le franc-or par exemple, sur la base de 1 franc-or pour 4 francs-papier en 1925, et de 1 franc-or pour 6 francs-papier en 1926 :

31 décembre 1925.

4 francs-papier = 1 franc-or.

ACTIF   PASSIF

	FRANCS-PAPIER	FRANCS-OR		FRANCS-PAPIER	FRANCS-OR
Approvisionnements.	100 000	25 000	Passifs monétaires .	85 000	21 250
Actifs monétaires . .	45 000	11 250			

La comparaison des actifs et des passifs monétaires montre que l'entreprise aura à débourser 10 000 francs-or de plus qu'elle ne recevra.

31 décembre 1926.

6 francs-papier = 1 franc-or.

ACTIF   PASSIF

	FRANCS-PAPIER	FRANCS-OR		FRANCS-PAPIER	FRANCS-OR
Approvisionnements réévalués	150 000	25 000	Passifs monétaires .	85 000	14 166
Actifs monétaires . .	45 000	7 500			

Au 31 décembre 1926, le franc-papier a perdu le tiers de sa valeur-or et les approvisionnements représentent 150 000 francs-papier, soit toujours 25 000 francs-or ; les créances et les dettes au contraire, exprimées en francs-papier, se sont trouvées réduites dans la mesure de la baisse du franc, et leur balance ne s'établit plus que par 6 666 francs-or.

L'entreprise a donc gagné 10 000 moins 6 666 soit 3 334 francs-or. Convertis en francs-papier au 31 décembre 1926, ces 3 334 francs-or sont l'équivalent de 20 000 francs-papier ($3\,334 \times 6$). La plus-value sur approvisionnements, qui s'élève à 50 000 francs-papier, constitue donc pour l'entreprise une plus-value réelle à concurrence de 20 000 francs-papier, et il n'y a aucune raison, par conséquent, de l'exonérer d'impôt dans sa totalité. C'est ce que fait le fisc belge, en n'accordant le dégrèvement que sur 30 000 francs (50 000 — 20 000).

Ces dispositions, on le voit, sont excessivement prudentes, puisqu'elles excluent de l'immunité fiscale les profits que la dépréciation du franc belge a pu faire réaliser aux entreprises, en allégeant le poids de leurs dettes entre 1925 et 1926. Il est évident, en effet, que la plus-value nominale afférente à une marchandise achetée à crédit, constitue pour l'acheteur dont la dette ne s'accroît pas en proportion de la baisse du franc, un profit certain, du fait que cette marchandise lui coûtera d'autant moins cher, que la monnaie se dépréciera plus.

Nous ne pensons pas, toutefois, que la formule adoptée par l'Administration belge mérite une approbation sans réserve ; elle n'est pas en effet absolument juste, car l'excédent des dettes sur les créances peut très bien ne pas provenir de l'augmentation des stocks, mais avoir été provoqué par l'acquisition d'un autre élément de l'actif. L'entreprise, par exemple, peut avoir emprunté pour l'achat d'un immeuble ou d'un matériel, et il aurait fallu, en toute équité, qu'il lui fût possible d'écarter, en apportant évidemment toutes justifications utiles, la présomption adoptée par la circulaire de l'Administration.

Signalons, pour terminer, que le Ministre des Finances de Belgique a décidé, par une circulaire du 16 juillet 1927, que les bâtiments industriels et l'outillage acquis antérieurement au 1ᵉʳ juillet 1926, devraient être réévalués, pour l'assiette de l'impôt sur le revenu, à la valeur commerciale qu'ils représentaient à la date du 31 août 1927, et que les amortissements auxquels ils peuvent donner lieu, seraient désormais calculés en fonction de cette nouvelle valeur.

CONCLUSION

————

*Il est nécessaire de prévoir et de réglementer, dès la stabilisation,
la revision officielle de nos bilans.*

Tous les problèmes qui se rapportent à la vie des entreprises
industrielles et commerciales sont, à l'heure actuelle, dominés par
le problème monétaire. Qu'il s'agisse de l'exploitation proprement
dite — établissement des prix de revient, calcul des amortissements, renouvellement des stocks et du matériel, fixation des
prix de vente — ou de l'administration financière — circulation
des capitaux, prévisions budgétaires, appréciation du fonds de
roulement —, qu'il s'agisse de délimiter ou de fixer les droits
des personnes intéressées aux résultats de l'entreprise — soit par
l'apport de capitaux, soit par l'apport de leurs connaissances ou
le concours de leur travail — qu'il s'agisse enfin des relations
envers les tiers, en particulier avec le fisc, dans tous ces actes, on
retrouve la nécessité d'une organisation comptable, qui permette
de dresser des bilans exacts et sincères. Or, comptabilités et
bilans impliquent, avant toutes choses, une unité de mesure fixe,
toujours comparable à elle-même. Cette unité, c'est un poids d'or
déterminé, c'est l'étalon monétaire qui représente ce poids d'or,
étalon certifié et garanti par la puissance publique.

Sans cette commune mesure, nous l'avons vu, les bénéfices
qui apparaissent dans les bilans pendant les périodes d'inflation
monétaire, sont en grande partie illusoires, et leur distribution
équivaut en réalité à une amputation du capital des entreprises ;
quant aux pertes causées par la déflation, bien qu'elles soient

nominales et également illusoires, elles n'en pèsent pas moins lourdement sur la production, et paralysent ainsi l'activité économique. L'instabilité monétaire, par les brusques soubresauts qu'elle imprime à la valeur de l'unité de mesure, devient une prime à l'imprévoyance ; tantôt la baisse du franc viendra ruiner l'industriel confiant dans la monnaie nationale, qui aura négligé de se couvrir en devises, à l'occasion d'un marché à long terme passé à l'étranger, tantôt sa brusque remontée frappera l'entreprise prudente, qui se sera pourvue de change pour ses achats prochains, ou de stocks même normaux, qu'elle devra liquider à perte. Cependant créanciers et débiteurs seront tour à tour lésés, et tel qui aura prêté des francs-or, recevra après l'inflation, des francs à 0,20, tandis que celui qui aura emprunté des francs à 0,20, devra rembourser, après la déflation, des francs de valeur double.

Génératrice de désordres, l'instabilité monétaire est aussi le règne de l'injustice, et plus que partout ailleurs, au sein des grandes entreprises modernes, formées par l'association de nombreux capitaux dispersés, et où l'égalité constitue le principe fondamental et l'*animus societatis.*

Afin de remédier à ces conséquences graves et démoralisantes pour le travail et l'épargne, on a préconisé l'adoption d'une monnaie de compte indépendante des fluctuations de la monnaie de papier. Mais comme nous l'avons observé, ce procédé, bien que présenté sous la marque de l'équité, se heurte à deux obstacles difficiles à réduire : d'une part, les lois d'ordre public qui prescrivent l'emploi obligatoire de la monnaie nationale, et d'autre part, la complexité d'un système qui comporterait simultanément une monnaie de compte invariable, et une monnaie de paiement sujette à fluctuations.

La monnaie a une double fonction : mesurer la valeur des biens et faire circuler les richesses ; l'une ne peut aller sans l'autre et vouloir les scinder, c'est détruire la monnaie elle-même.

La reconstitution d'une comptabilité apte à remplir son rôle, qui est de premier plan dans les entreprises modernes, ne peut s'opérer qu'avec une monnaie saine, une monnaie à base d'or qui permettra à chacun de dresser un nouvel inventaire de sa fortune, et d'entreprendre résolument, par l'accroissement de la production et l'abaissement des prix de vente, la conquête des marchés mondiaux. La véracité des bilans est une des bases du crédit et de l'économie entière d'un pays; elle préserve les droits des associés aussi bien que des tiers; seule, elle permet d'asseoir une fiscalité équitable. Mais cette véracité ne peut être obtenue que si tous les éléments des bilans sont mesurés par un même étalon.

C'est ce que certaines entreprises, dès que l'inflation eut déprécié la monnaie et haussé les prix, ont cherché à réaliser par le moyen d'une réévaluation en francs-papier de leurs actifs immobilisés. Cette solution malheureusement ne pouvait être qu'imparfaite, puisqu'il aurait fallu, à la fin de chaque exercice, par suite des fluctuations de la valeur du franc d'une année sur l'autre, procéder à une nouvelle réévaluation de ces actifs [1].

La stabilisation légale, au contraire, en instituant une nouvelle équivalence monétaire garantie par de l'or ou des devises échangeables contre ce métal, permet la réévaluation définitive de l'actif des entreprises et la valorisation de leur capital. Mais si, comme nous l'avons montré, aucune impossibilité juridique ne s'oppose à leur réalisation, la question toutefois se présente de savoir si, un nouvel étalon étant créé, une loi doit imposer aux entreprises l'ajustement officiel de leurs bilans en ce nouvel étalon. La valorisation en un mot, doit-elle être réglementée ou bien résolue par la voie de la liberté?

Au point de vue théorique, une loi devrait non seulement réglementer, mais imposer la valorisation du bilan, puisqu'en stabilisant, l'État donne au pays une unité monétaire différente de celle qui existait auparavant. En effet, si nous passons, par une dévaluation, d'un franc défini légalement 0,290 322 d'or fin, à un franc représentant par exemple 0,0580 de ce métal, nous nous

---

1. Allix et Lecerclé, *op. cit.*, pp. 364-365.

plaçons dans une situation analogue à celle des pays qui ont supprimé leur monnaie défaillante, pour créer une unité monétaire nouvelle, non seulement par sa valeur, mais encore par sa dénomination. Le zloty ayant remplacé le mark polonais, le mark-or, le mark-papier allemand, le schilling, la couronne autrichienne, les bilans des entreprises polonaises, allemandes et autrichiennes ne pouvaient rester exprimés en polmarks, en marks-papier ou en couronnes, et l'autorité publique devait nécessairement prescrire leur établissement en zlotys, en marks-or ou en schillings [1]. En Belgique sans doute, aucune loi n'est intervenue : le belga n'a pas été substitué au franc belge, mais on peut dire que l'ancien franc belge valant par le cours forcé 0,290322 d'or, a été remplacé par un franc belge nouveau, représentant la cinquième partie de la contre-valeur or du belga, soit : $\dfrac{0,209211}{5}$. La nécessité s'impose donc en Belgique, et bientôt elle s'imposera en France, de reconstituer les comptabilités et de redresser les bilans, comme cela a été fait dans tous les pays, chaque fois que la création d'une monnaie nouvelle, ou la stabilisation durable de l'ancienne, leur eut procuré, après une période de trouble monétaire, un étalon invariable pour la mesure des valeurs.

On peut penser qu'en cette matière la contrainte est dangereuse, et qu'il est préférable de laisser aux chefs d'entreprises la liberté d'établir leurs bilans à leur guise, sous leur responsabilité, et en respectant les lois sur les sociétés. La dévalorisation du franc, en effet, n'a pas été le seul facteur qui soit venu altérer l'exactitude des bilans, et suivant les règles prudentes adoptées dès avant la guerre, les sociétés précisément les mieux gérées ont fortement amorti leurs actifs immobilisés; à ces motifs de prudence louable, des raisons fiscales se sont ajoutées, et pour réduire leur charge grandissante d'impôts, nombre d'entreprises ont dissimulé une partie de leurs bénéfices, par la constitution de réserves

---

1. Cela s'est fait en Allemagne par l'ordonnance du 28 décembre 1923, en Pologne par le décret du 25 juin 1924 (*supra,* p. 146), en Autriche par la loi du 4 juin 1925.

occultes. On peut craindre, dans ces conditions, que le redressement des bilans n'attire l'attention du fisc sur les amortissements extraordinaires pratiqués pendant l'inflation, et n'entraîne leur réintégration aux bénéfices taxables des exercices écoulés. L'Administration pouvant remonter cinq années en arrière, les sociétés risqueraient ainsi de se voir réclamer d'importants compléments, au titre de l'impôt sur les bénéfices industriels et commerciaux.

Le danger est certain, mais on ne peut voir là une raison militant en faveur d'une valorisation facultative, laissée à l'appréciation des industriels et des commerçants. Nous pensons, au contraire, qu'une intervention de l'autorité publique est indispensable, si l'on ne veut pas que les opérations de valorisation soient livrées, au point de vue fiscal, à l'arbitraire de l'Administration, ou même portées devant les tribunaux.

En réglementant la valorisation, il appartiendra donc au législateur, ou au Gouvernement, si l'on procède par voie de décrets, de prévoir expressément les exonérations ci-après :

1° *Pour la valorisation des actifs immobilisés, des participations, des matières premières, des approvisionnements et des marchandises,* exemption de l'impôt sur les bénéfices industriels et commerciaux, et faculté de pratiquer les amortissements à venir sur le montant des immobilisations réévaluées ;

2° *Pour la distribution des actions créées en représentation des excédents d'actif, le sectionnement des titres anciens, ou l'élévation pure et simple de leur valeur nominale,*
exonération de l'impôt sur le revenu des valeurs mobilières, et, dans le patrimoine des actionnaires, de l'impôt général sur le revenu ;

3° *Enfin, exemption des droits d'enregistrement sur l'augmentation du capital, réalisée par l'incorporation des plus-values.*

Comme conséquence, à la liquidation de la société, l'impôt sur le revenu des valeurs mobilières ne devra être calculé que sur la différence entre la part de l'actif social revenant à chaque actionnaire, et le montant nominal de leurs titres valorisés.

Ces dispositions libérales devront néanmoins avoir leur contrepartie, et les entreprises ne pourront pas porter, en déduction de leurs bénéfices imposables, les moins-values nominales que le redressement de leur bilan pourrait faire apparaître. La stabilisation, en effet, si elle intervient après une large revalorisation du franc, réduira, parallèlement à la chute du dollar sur notre place, l'actif des entreprises fondées ou développées pendant la période d'inflation, dans la mesure où cet actif aura été constitué par des francs de valeur moindre que le franc stabilisé, et par conséquent plus nombreux.

L'utilité d'une intervention de l'autorité publique, réglementant le côté fiscal de la valorisation, est donc hautement désirable, car sans cette intervention, l'opération présenterait trop d'aléas pour les entreprises; avec elle, inversement, l'avantage pour les commerçants de reviser leur bilan apparaît considérable, en raison des exonérations assurées. Le point de vue fiscal ainsi réglé, il nous reste à examiner si pratiquement la valorisation devra être imposée à tous, ou bien laissée à l'appréciation des intéressés.

En faveur de la liberté, nous ne voyons qu'un seul argument qui puisse être invoqué, c'est précisément le droit pour chacun d'agir à sa guise, dans le cadre des lois et de l'ordre public. En France, aucune disposition légale ne réglemente l'établissement des bilans, contrairement à ce qui existe dans d'autres pays, en Suisse et en Allemagne notamment, et notre Code de Commerce a simplement prescrit aux commerçants de dresser chaque année leur inventaire et de le transcrire sur un registre spécial. La liberté, par conséquent, qui a régné jusqu'à présent, tempérée il est vrai par la doctrine et la jurisprudence, ne doit pas être limitée aujourd'hui par une valorisation obligatoire des bilans.

Cet argument, s'il peut à la rigueur être retenu en faveur des industriels et des commerçants isolés, qui ne font que gérer leur fortune personnelle, ne saurait être accepté lorsqu'il s'agit d'une société, en particulier d'une société par actions. Les sociétés anonymes, qui ont permis la concentration des capitaux et la création de puissantes entreprises, forment l'armature économique du pays ; elles intéressent le crédit public, et concourent au bien-être général, par la production des biens nécessaires à la collectivité. Or la seule fenêtre qui permette de plonger un regard dans la vie de ces sociétés, c'est le bilan établi chaque année ; aussi a-t-on pu déplorer souvent l'absence de règles impératives, présidant à son établissement. Non seulement de bonnes méthodes comptables sont indispensables à la marche d'une entreprise, mais encore un bilan exact est nécessaire pour éclairer la direction, les actionnaires et les tiers sur la situation réelle de cette entreprise.

Tous les bilans ont été faussés par l'inflation, et l'on ne saurait concevoir, après la réforme monétaire, à côté de bilans revisés, des bilans maintenus dans leurs anciens errements. La valorisation par conséquent, devra être imposée à toutes les sociétés, si ce n'est à tous les commerçants, et de plus, être réglementée de telle sorte qu'aucune spéculation boursière ne puisse s'opérer, à travers la majoration des actifs et le mouillage du capital.

Si l'ordre matériel peut aider au rétablissement de l'ordre moral[1], le devoir et l'intérêt de la puissance publique sont de contribuer à ce rétablissement, en imposant au besoin par la contrainte, dans la gestion des sociétés, les méthodes saines et correctes que la routine et la force d'inertie tardent à assimiler.

1. Delavelle, *op. cit.*, p. 89.

BIBLIOGRAPHIE

Allix (E.) et Lecercle (M.), *L'Impôt sur le revenu*, Rousseau, Paris, 1926.

Banès, *Les Amortissements industriels, les réserves et le report à nouveau au point de vue fiscal*. Thèse Paris, 1925.

Bayart (Pierre), *Les Effets de l'inflation sur le bilan au point de vue fiscal*, 2ᵉ édit., Sirey, Paris, 1926.

Besson (Emmanuel), *Traité pratique des impôts cédulaires et de l'impôt général sur le revenu*, Libr. Dalloz, Paris, 1922.

Bocquet (Lucien), *L'Impôt sur le revenu cédulaire et général*, Tenin, Paris, 1926.

Bournisien (Jean), *Essai de philosophie comptable*, Imprimerie ouvrière, Limoges, 1919.

Calmes (Albert), *Administration financière*, Payot, Paris, 1925.

Charpentier (Jacques), *Traité pratique des bilans et inventaires*, Berger-Levrault, Paris, 1921.

Delavelle (Émile), *La Comptabilité en francs-or*, Nouv. Libr. Nat., Paris, 1922.

Deschamps (H.), *Des Vérifications et des Expertises en comptabilité*, 4ᵉ édit., Vitte, Paris, 1921.

De Fages (Eugène), *Les Concepts fondamentaux de la comptabilité*, Librairie de l'Enseignement technique, Eyrolles, Paris, 1924.

Houpin (C.) et Bosvieux (H.), *Traité général théorique et pratique des Sociétés civiles et commerciales*, 6ᵉ édit., Sirey, Paris, 1927.

Leautey et Guilbaut, *Principes généraux de comptabilité*, 2ᵉ édit., Berger-Levrault, Paris, 1903.

Quesnot (L.), *Administration financière*, Dunod, Paris, 1927.

Raffegeau (P.-C.) et Lacout (A.), *Établissement des bilans-or*, Payot, Paris, 1926.

Thaller, *Traité élémentaire de Droit commercial*, Rousseau, Paris, 1916.

Treney (Xavier), *Les Grands Économistes des XVIIIᵉ et XIXᵉ siècles*, Picard et Kaan, Paris, 1902.

Valois (Georges), *L'État, les Finances et la Monnaie*, Nouv. Libr. Nat., Paris, 1925

Annales de Droit commercial, 1907.

Journal des Sociétés, Paris, Tenin, 1908, 1920, 1923.

Legia. La Semaine juridique, Libr. Juris-Classeurs, Paris.

Recueil juridique des Sociétés, Libr. Juris-Classeurs, Paris.

Recueil des Questions fiscales, Libr. Juris-Classeurs, Paris.

TABLE ANALYTIQUE

TITRE III

LA VALORISATION DES BILANS

Chapitre I. — Les méthodes préconisées dès avant la stabilisation du franc.

TITRE IV

DROIT COMPARÉ

CONCLUSION

TABLE DES MATIÈRES